SAMMLUNG GÖSCHEN BAND 1124

ENGLISCHE LITERATURGESCHICHTE

von

DR. FR. SCHUBEL
Ordinarius der Anglistik an der Universität Mainz

III
ROMANTIK UND VIKTORIANISMUS

WALTER DE GRUYTER & CO.
vormals G. J. Göschen'sche Verlagshandlung · J. Guttentag, Verlagsbuchhandlung · Georg Reimer · Karl J. Trübner · Veit & Comp.
BERLIN 1960

Die Gesamtdarstellung umfaßt folgende Bände:

I: Die alt- und mittelenglische Periode (Band 1114)
II: Von der Renaissance bis zur Aufklärung (Band 1116)
III: Romantik und Viktorianismus (Band 1124)
IV: Das 20. Jahrhundert (Band 1136)

 — Archiv-Nr. 11 11 24. — Satz u. Druck: Felgentreff & Co., Berlin SW 61. — Printed in Germany.

Inhalt

Literatur

I. B i b l i o g r a p h i e n

Annual Bibliography of Engl. Language and Literature, Cbr. 1920 ff.

The Year's Work in Engl. Studies, Ldn. 1921 ff.

The Cbr. Bibliography of Engl. Literature, 5 Bde., Cbr. 1940 ff.

Philological Quarterly, Iowa City (Julihefte: Engl. Literature 1660—1800; Aprilhefte: The Romantic Movement).

Modern Philology, Chicago (Maihefte: Victorian Bibliography).

A Journal of Engl. Literary History, Baltimore (Märzhefte: The Romantic Movement).

II. K u l t u r g e s c h i c h t e

Ashton, Th., An Economic History of England, Ldn. (Methuen) 1955.

Bryant, A., The Years of Endurance: 1793—1802, Ldn. (Reprint Soc.) 1944.

Bryant, A., The Years of Victory: 1802—1812, Ldn. (Collins) 1944.

Cole, G. and *R. Postgate*, The British People: 1746—1946, N.Y. 1947.

Court, W., A Concise Economic History of Britain, Cbr. 1954.

Gregg, P., A Social and Economic History of Britain 1760—1950, Ldn. 1950.

Halévy, E., A History of the Engl. People in the Nineteenth Century, 4 Bde., Ldn. (Benn) ^{2}1949/51.

Ideas and Beliefs of the Victorians, Ldn. (Sylvan Pr.) 1949.

Jerrold, D., England: Past, Present and Future, Ldn. (Dent) 1950.

Marriott, J., England since Waterloo, Ldn. (Methuen) 1957.

Quinlan, M., Victorian Prelude, A History of Engl. Manners 1700—1830, Toronto 1941.

Reid, W., Economic History of Great Britain, N. Y. 1954.

Rice, D., The Oxford History of English Art, Oxf. 1952.

Schmiele, W., Englische Geisteswelt, Darmstadt 1953.

Thomson, D., England in the Nineteenth Century, Ldn. (Penguin) ^{4}1955.

Trevelyan, G., British History in the Nineteenth Century and After, Ldn. (Longmans) 1958.

III. L i t e r a t u r g e s c h i c h t e

A. Darstellung mehrerer Zeitalter

Albert, E., A History of Engl. Literature, Ldn. (Horrap) ^{3}1955.

Baugh, A., u. a., A Literary History of England, Ldn. (Routledge) 1950.

Buchan, J., A History of Engl. Literature, Ldn. (Nelson) ^{2}1955.

Compton-Rickett, A., A History of Engl. Literature, Ldn. (Jack) ^{2}1956.

Craig, H., History of Engl. Literature, Oxf. 1950.

Dobrée, B., Introductions to Engl. Literature, 5 Bde., Ldn. (Cresset) 2 1950 ff.

Elton, O., A Survey of Engl. Literature, 6 Bde., Ldn. (Arnold) 2 1950.

Entwistle, W. and *E. Gillet*, The Literature of England, Ldn. (Longmans) 3 1952.

Funke, O., Epochen der neueren engl. Literatur, 2 Bde., Bern 2 1958.

Glover, A., A First Approach to Engl. Literature, Ldn. (Dent) 1953.

Hudson, W., An Outline of Engl. Literature, Ldn. (Bell) 3 1955.

Legouis, E. and *L. Cazamian*, A History of Engl. Literature, Ldn. (Dent) 1957.

Neilson, W. and *A. Thorndike*, History of Engl. Literature, N.Y. 3 1947.

Rubinstein, A., The Great Tradition in Engl. Literature, N.Y. 1953.

Sampson, G., The Concise Cbr. History of Engl. Literature, Cbr. 1957.

Schirmer, W., Geschichte der engl. und amerik. Literatur, 2 Bde., Tübingen 2 1954.

Ward, A., Illustrated History of Engl. Literature, 3 Bde., Ldn. (Longmans) 1955 ff.

Westland, P., The Teach Yourself History of Engl. Literature 6 Bde,. Ldn. (Univ. Pr.) 1950.

Wyatt, A., The Tutorial History of Engl. Literature, Ldn. (Univ. Tut. Pr.) 5 1954.

Versdichtung:

Grierson, H. and *J. Smith*, A Critical History of Engl. Poetry, Ldn. (Chatto) 1950.

Prosa:

Allen, W., The English Novel, Ldn. (Phoenix) 1954.

Kettle, A., An Introduction to the Engl. Novel, 2 Bde., Ldn. (Hutchinson) 3 1957.

Drama:

Nicoll, A., A History of Engl. Drama 1660—1900, 3 Bde., Cbr. 2 1956.

Nicoll, A., The Development of the Theatre, N.Y. 3 1948.

Stamm, R., Geschichte des engl. Theaters, Bern 1951.

B. Romantik

Bernbaum, E., Guide through the Romantic Movement, N. Y. 2 1949.

Dyson, H. and *J. Butt*, Augustans and Romantics, Ldn. (Cresset) 2 1950.

Ford, B., The Pelican Guide to Engl. Literature, Bd. V, Ldn. (Pelican) 1957.

Foster, J., History of the Pre-Romantic Novel in England, N.Y. 1949.

Liljegren, S., Essence and Attitude in Engl. Romanticism, Uppsala 1945.

Raysor, Th., The Engl. Romantic Poets, N.Y. 1950.

Reas, H., The True Voice of Feeling, N.Y. 1953.

Thorpe, C., u. a., The Major Engl. Romantic Poets, Carbondale 1957.

C. Viktorianismus

Baker, J., The Reinterpretation of Victorian Literature, Princeton 1950.

Batho, E. and *B. Dobrée*, The Victorians and After, Ldn. (Cresset) ^{2}1950.

Buckley, J., The Victorian Temper. A Study in Literary Culture, Ldn. (Allen) 1952.

Chesterton, G., The Victorian Age in Literature, Ldn. (Cumberlege) ^{2}1947.

Cooke, J. and *L. Stevenson*, Engl. Literature of the Victorian Period, N. Y. 1949.

Faverty, F., The Victorian Poets, Oxf. 1956.

Meissner, P., Engl. Literaturgeschichte III (Samml. Göschen 1124, Bln.) ^{2}1944.

Rowell, G., The Victorian Theatre, Oxf. 1957.

Young, G., Victorian England. Portrait of an Age, Ldn. (OUP) ^{2}1957.

IV. Anthologien

Allot, K. and *M.*, Victorian Prose: 1830—1880, Ldn. (Penguin) 1956.

Bernbaum, E., Anthology of Romanticism, N. Y. 1948.

Crane, W., u. a., Twelve Hundred Years: The Literature of England, Bd. 2, N. Y. 1948.

Evans, M., An Anthology of Victorian Verse, Ldn. (Methuen) 1949.

Evans, A., Victorian Poetry, Ldn. (Univ. Pr.) 1958.

Grigson, G., The Romantics, Ldn. (Routledge) 1942.

Hübner, W., Die Stimmen der Meister, Bln. 1950.

Kirchner, G., English Anthology I, Halle 1956.

Noyes, R., English Romantic Poetry and Prose, N. Y. u. Ldn. 1956.

Read, H. and *B. Dobrée*, The London Book of English Prose, Ldn. (Eyre) ^{4}1955.

Spender, St., A Choice of English Romantic Poetry, N. Y. 1947.

Wright, R., Prose of the Romantic Period, Ldn. (Penguin) 1956.

V. Zeitschriften (außer den nur gelegentlich zitierten)

Anglia, Tübingen	A
Contemporary Review, London	CR
Die Neueren Sprachen, Frankfurt	DNSpr.
English Studies, Amsterdam	ESts
A Journal of English Literary History, Baltimore	JELH
Modern Language Notes, Baltimore	MLN
The Modern Language Review, Cambridge	MLR
Modern Philology, Chicago	MPh
Notes and Queries, London	NQ
Philological Quarterly, Iowa City	PhQ
Publications of the Modern Language Association of America, Baltimore	PMLA
The Review of English Studies, London	RESt
Studies in Philology, Chapel Hill	StPh
Zeitschrift f. Anglistik u. Amerikanistik, Berlin	ZA

DIE ROMANTIK

Alle Versuche, den mit „Romantik" bezeichneten Abschnitt der Geistesgeschichte von den sehr zahlreichen Erscheinungsweisen her zu definieren, sind unbefriedigend geblieben. Da sie jeweils nur eine Auswahl besonders hervortretender Wesenszüge berücksichtigen konnten, mußten sie z. T. sogar zu widersprechenden Ergebnissen führen[1]), zumal wenn an die romantischen Perioden der verschiedenen abendländischen Völker gedacht wurde. Als fruchtbarer für die Wesenserfassung der „Romantiken" haben sich die Bemühungen um die Erkenntnis der psychischen Grundhaltungen ihrer Repräsentanten erwiesen. Aus ihnen gelang es immer besser, nicht nur die Hauptmerkmale der romantischen Zeitabschnitte, sondern auch die individuellen Eigenarten ihrer Vertreter verständlich zu machen.

Die um 1800 in England aufblühende Geisteshaltung entstand — wie die Bezeichnung ‚Romantic Revolt' andeutet — als „Auflehnung" gegen die Ansichten der vorangegangenen klassizistischen Periode. Ihre mannigfachen Züge ergeben sich aus einer neuen Auffassung vom Individuum, einer veränderten Haltung zur Welt und einem anderen Verhältnis des einzelnen zum Kosmos.

In der zweiten Hälfte des 18. Jhs. wird immer deutlicher erkannt, daß der Mensch neben dem Verstand noch

---

[1]) Vgl. z. B. P. Van Tieghem, Le Romantisme dans la Littérature Européenne, Paris 1948; Th. Raysor, The English Romantic Poets, N. Y. 1950, 24 ff.; R. Wellek, A History of Modern Criticism, II, New Haven 1955; H. Oppel, Englische u. deutsche Romantik, DNSpr. 1956, 457 ff.

andere Fähigkeiten besitzt, die er heranziehen muß, um sich zu begreifen. Man beachtet die irrationalen und schöpferischen Kräfte, man pflegt Gefühls- und Willensimpulse. Während die Aufklärung nie über Empfindungen hinauskommen konnte, fordern die Romantiker tiefe Liebe und Leidenschaft, gestehen der Schwärmerei ihr Recht zu und geben sich der schöpferischen Phantasie — der „Intuition" — hin, die manchmal sogar noch durch Rauschgifte angeregt wird.

Die neue Auffassung von der Welt spiegelt sich am deutlichsten in der Umwertung der Natur wider. Für die Klassizisten waren Natur und Vernunft identisch. In beiden herrschen die von Gott geschaffenen Gesetze, die es überall als ewige Wahrheiten zu erkennen galt (vgl. Bd. II, S. 122)[2]) und nach denen sich auch die Dichter in ihren Werken zu richten hatten. Für die Romantiker stehen beide Begriffe im Gegensatz. Vernunft ist eine Abirrung vom Natürlichen, in dem sich mehr als nüchterne Ratio offenbart. Wie der Mensch, so kann auch die Natur nur durch Zuhilfenahme des Gefühls ergründet werden, und zwar unter Beachtung aller ihrer Seiten, besonders des Unscheinbaren und „Unvernünftigen". Während die klassizistische Überzeugung auf das statisch Gesetzmäßige — auf die „natura naturata" — ausgerichtet war, drängen die Romantiker zur Erfassung der dynamischen Natur — der „natura naturans".

Daneben gestehen die Romantiker auch dem über die Natur hinausführenden Mystischen eine hohe Bedeutung zu. Die letzten in allem schlummernden Geheimnisse durch die irrationalen Kräfte zu erfassen, ist vornehmste Aufgabe der Menschen; sie zu künden, stellt die Hauptmission der Dichter dar. Es kommt darauf an, aus den tragischen Spannungen der Welt eine organische Einheit im Kosmos sehen zu lernen, der göttlichen Ursprungs ist und für den jedes Werden und Vergehen einen hohen Sinn haben.

Aus dieser Grundhaltung ergeben sich zahlreiche für die Romantik charakteristische Einzelzüge. Statt sich durch äußere allgemein verbindliche Regeln einengen zu

[2]) F. Schubel, Engl. Literaturgeschichte II, Samml. Göschen Bd. 1116, Bln. 1956.

lassen, wendet sich das Individuum nach innen, analysiert das Seelische, betont die Originalität und ist bestrebt, aus dem Unbewußten heraus schöpferisch zu schaffen. Auch dem Mitmenschen — selbst dem kleinen Kind, dem Wilden, dem Primitiven, dem Armen, dem Ausgestoßenen, dem Abenteurer und sogar dem „Unnormalen" — ist wegen seiner Individualität gebührende Aufmerksamkeit zu schenken[3]). Einen breiten Raum nehmen die leidenschaftlichen Gefühle zwischen zwei Liebenden ein, die über alle Standesunterschiede und sonstigen Hindernisse hinweg vereint sein wollen.

Als Offenbarung Gottes können alle organisch wachsenden Objekte der Natur Beachtung finden. Besonders anziehend sind die kleinsten und unscheinbarsten Dinge: Vögel, Insekten, Blumen, Knospen und Kräuter, andererseits das von der Urkraft zeugende Gewaltige: in den Himmel ragende Berge, reißende Ströme, herabstürzende Wasserfälle, heulende Stürme, donnernde Gewitter. Zur romantischen Landschaft gehören die Sterne, der Mond, die ziellosen Wolken, die Abendröte, die ebenso in eine Sehnsucht weckende Ferne deuten, wie das viel besungene Italien, Spanien oder der entlegene Orient.

Neben der räumlichen Ferne lockt die zeitliche. Das Interesse wendet sich den primitiven Kunstäußerungen früherer Jahrhunderte zu: den Liedern, Balladen, Märchen und Sagen des eigenen und anderer Völker. Es erwacht der historische Sinn für die Vergangenheit — hauptsächlich für das Mittelalter mit seinen Klöstern und Burgen, mit seinen Pilgern, Mönchen, Räubern und Rittern — aber auch für die schicksalhaften Gegebenheiten ehemaliger fremder Kulturen.

Daneben brechen hier und dort die aus der angelsächsischen Dichtung (vgl. Bd. I, S. 30 ff.)[4]) bekannten Stimmungen der Wehmut und Gedanken über die Nichtigkeit des Daseins und über die versöhnende Macht des Todes hervor. Vieles bleibt den nach Idealen Suchenden geheimnisvoll, unklar und ungelöst. Auch die Form ihrer

[3]) Vgl. E. Dykes, The Negro in Engl. Romantic Thought, Washington 1942; S. Liljegren, Die Menschenauffassung in der Romantik, ZA 4 (1956), 324 ff.

[4]) F. Schubel, Engl. Literaturgeschichte I, Samml. Göschen Bd. 1114, Bln. 1954.

Werke ist nicht so regelmäßig wie die des Klassizismus, z. T. sogar ungewöhnlich und fragmentarisch[5]).

Nicht alle aus der aufgezeigten Haltung möglichen Einzelzüge finden sich bei jedem Romantiker. Ihrer betonten Individualität entsprechend sind sie in ihren Schöpfungen so unterschiedlich, daß in England nicht einmal von einer romantischen „Schule" gesprochen werden kann. Für den mit „Romantik" überschriebenen Abschnitt der englischen Literaturgeschichte ergibt sich deshalb die Notwendigkeit, bei den sehr verschiedenartigen Merkmalen der Dichter die allen gemeinsame — häufig unbewußte — Geisteshaltung nicht außer acht zu lassen. Es ist ferner notwendig, zwischen der verhältnismäßig langen Übergangszeit — der „Frühromantik" — und der „Hochromantik" zu unterscheiden.

1. Kapitel

DIE FRÜHROMANTISCHE PERIODE
(c. 1760 bis c. 1795)

Historische und kulturgeschichtliche Grundlagen

Mit dem Jahre 1760 begann für England eine Zeit innen- und außenpolitischer Beunruhigungen. Der sehr selbständige, eigenwillige und sich seines Engländertums stark bewußte Georg III. (1760—1820) machte sogleich nach seiner Thronbesteigung den Versuch, die ehemalige Vormachtstellung der Krone wiederherzustellen, d. h. das durch die Whigs geleitete Parlament und die seit der ‚Glorious Revolution' üblich gewordene Führung der Staatsgeschäfte durch die Erstminister (vgl. Bd. II, S. 103) auszuschalten. Um die Macht der Whigs zu brechen, die mit Geld einen großen Teil der Stimmrechte von den in Not geratenen kleinen Städten — den ‚rotten boroughs' — erworben hatten, kaufte der neue König so viele Parlamentssitze auf, daß die ‚King's Friends' die Übermacht erhielten.

Die letzten Absichten Georgs III. scheiterten jedoch an seiner autoritären Außenpolitik. Dadurch, daß er starr-

[5]) I. Gugler, Das Problem der Fragmentarischen Dichtung in der engl. Romantik, ‚Schweiz. Angl. Arb.' 15, Bern 1944.

köpfig an den Grundsätzen des ,Merkantilismus' (vgl. Bd. II, S. 104) gegenüber den mächtig gewordenen und liberal gesinnten amerikanischen Kolonien festhielt, kam es 1776 zu deren Lossagung vom Mutterland. In Europa standen Frankreich und Spanien aktiv gegen England, Preußen und die Niederlande mißbilligten die englische Politik. Infolgedessen sah sich Georg 1783 gezwungen, die politische Führung dem jüngeren Pitt (1759—1806) zu überlassen, durch den das 1689 eingeführte Parteileben wiederbegann; und zwar jetzt unter Führung der Tories.

Diese taten alles, um mit möglichst geringen Kosten ein neues Weltreich aufzubauen, das mit Indien zu entstehen begonnen hatte, nachdem es Robert Clive (1725—74) gelungen war, aus der rein kommerziellen Vorherrschaft der ,East India Company' durch die Schlacht bei Plassy (1757) eine politische Machtposition über Bengalen und von dort aus über das ehemalige Reich der Mogul-Kaiser zu schaffen. Durch den Pariser Frieden (1763) wurden England der kanadische Besitz und einige Westindische Inseln zugesprochen. Zur Sicherung der Handelswege konnten das Kapland und die Insel Ceylon erworben werden, und Captain Cook „fischte Australien aus dem Meere heraus"[6] (1770).

So gewann England Rohstoffquellen und Absatzmärkte für die infolge zahlreicher Erfindungen immer schneller produzierten Industriegüter. Die ,Industrial Revolution' bewirkte gleichzeitig verschiedene durchgreifende Veränderungen im Mutterland. In dem Maße, wie hier der letzte Wald als Holzquelle verschwand, mußte die Steinkohle herangeholt werden. Dazu waren der Aus- und Neubau von Verkehrswegen sowie die Anlage eines verzweigten Kanalnetzes notwendig. Die besseren Verkehrsmöglichkeiten begünstigten die Abwanderung der Bevölkerung in die Industriegebiete und vom Lande in die Städte.

Zu der beschleunigten Landflucht trugen einerseits die seit 1740 sich mehrenden ,Einhegungen' bei (vgl. Bd. II, S. 104), die wegen der dadurch verbesserten Methoden des Ackerbaus und der Viehzucht immer mehr als Dienst am Volke betrachtet wurden, zum andern die neuen Er-

[6]) G. Trevelyan, Kultur- und Sozialgeschichte Englands, Hbg. 1948, 384.

findungen für die Spinnereien (Arkwright, Hargreaves, Crompton) und für die Wollbearbeitung, welche auch in der zweiten Hälfte des 18. Jhs. noch im Vordergrunde stand.

Die Folgen der industriellen und der damit Hand in Hand gehenden landwirtschaftlichen Revolution waren Rückgang der unabhängigen Bauern, Zuwachs der Landarbeiter ohne Grund und Boden, Not und Elend in den primitiv untergebrachten und schlecht bezahlten Arbeiterfamilien, in der Hauptsache aber wachsender Wohlstand bei den viel größeren Kreisen, die aus der Gesamtentwicklung Nutzen ziehen konnten. Diese hatten nicht nur teil an den zahlreichen Bedarfsartikeln, die über die besseren Verkehrswege aus allen Teilen Englands schnell geliefert werden konnten, sondern ihnen kam auch das von Übersee — hauptsächlich von Indien — hereinströmende Vermögen zugute. Luxus und moderner Putz drangen bis in die Bürgerhäuser. Weißbrot und Tee wurden allgemeine Nahrungsmittel. Während der Adel das Rauchen fast ganz einstellte, verbreitete es sich bei dem größten Teil der Bevölkerung als begehrtes Genußmittel. Wachsende Muße der Bürger ließ die Reiselust in die Bäder, gegen Ende des Jahrhunderts auch in die Berge aufkommen. Mit dem Drang nach Verschönerung des Lebens wuchs der Wunsch nach weiterer Bildung. London war zwar als einzige Großstadt noch der Mittelpunkt des geistigen Lebens, doch entstanden in vielen Provinzstädten sehr angesehene Druckereien und Bücherklubs; jeder Ort schuf sich seine Leihbibliothek, und jeder Landsitz hatte eine wertvolle Bücherei. Die Künste wurden gefördert und erhielten in der 1768 gegründeten ‚Royal Academy' einen wichtigen Mittelpunkt.

Man wollte auch nicht nur selbst gut leben, sondern entwickelte Sinn für die Beseitigung der Leiden anderer. Es wurden Krankenhäuser, Wohlfahrts- und Sonntagsschulen eingerichtet. Verbesserte Lebensbedingungen und intensive Arbeit an den Heilmethoden bewirkten bis 1801 ein Ansteigen der Bevölkerung auf neun Millionen.

Die wirtschaftlichen und sozialen Gärungen und Wandlungen fanden ihren Ausdruck in zahlreichen Schriften, in denen das Humanitäre und Gefühlsmäßige immer mehr an die Stelle des durch den Verstand diktierten kühleren Tons der ersten Hälfte des 18. Jhs. trat. Die zwischen 1769 und 1772 erscheinenden Letters of Junius[7]) griffen Georg III. und führende politische Persönlichkeiten wegen Mißachtung der Volksfreiheiten an. Auch Edmund Burke (1729—97) sah diese in Thoughts on the Cause of the Present Discontents (1770) gefährdet, vertrat die Lebensrechte der amerikanischen Kolonien ebenso wie die irische Handelsfreiheit und verurteilte in sehr leidenschaftlicher und beredter Weise alle Gewaltanwendungen gegen die Dissenters und irischen Katholiken. Adam Smith (1723—90) verwarf in seinem für die Handelspolitik der Zukunft berühmt gewordenen Werk Inquiry into the Nature of the Wealth of Nations (1776) die merkantilistische Auffassung zugunsten eines von den Amerikanern längst geübten Liberalismus[8]).

Im philosophischen und religiösen Denken kamen die Strömungen zum Zuge, die sich bereits in der ersten Hälfte des 18. Jhs. gegen das Verstandesmäßige herausgebildet hatten: vor allem die idealistischen Gedankengänge George Berkeleys[9]) (vgl. Bd. II, S. 105 f.), dem es auf die Bedeutung der subjektiven, mit den Sinnen aufzunehmenden Wirklichkeit ankam, und ferner der durch die Brüder John[10]) und Charles Wesley[11]) ins Leben gerufene ‚Methodismus'[12]) (II, 106), eine auf den vernunftgemäßen Deismus folgende Gefühlsreaktion, die verständlich wird, wenn man sich den Erfolg von Händels Messias-Aufführung im Jahre 1743 vergegenwärtigt.

Die zweite Hälfte des 18. Jhs. war also mit vielen neuen Gedanken über den Menschen und sein Verhältnis zur Umwelt sowie zu Gott angefüllt, wobei die Begriffe

---

7) Vgl. F. Cordasco, A Junius Bibliography, N.Y. 1949.

8) H. Schneider, Adam Smith's Moral and Political Philosophy, N.Y. 1948.

9) A. Luce, The Life of George Berkely, Ldn. 1949.

10) W. Camon, The Theology of John Wesley, Nashville 1946; M. Edwards, John Wesley and the Eighteenth Century, Ldn. ²1955.

11) M. Brailsford, A Tale of Two Brothers: John and Charles Wesley, Ldn. 1954.

12) M. Edwards, Methodism and England, Ldn. 1943; L. Church, The Early Methodist People, Ldn. 1949; F. Gill, The Romantic Movement and Methodism, Ldn. ²1954.

Freiheit, Gleichheit und Menschenrechte eine hervorragende Rolle spielten, bevor sie durch die Französische Revolution (1789) proklamiert wurden.

Die Unruhe macht sich natürlich auch in der Literatur dieses Zeitabschnitts bemerkbar, der mit seinen verschiedenen Strömungen eine typische Übergangsperiode vom Klassizismus zur Hochromantik darstellt.

A. Die Versdichtung

Der Wandel zum Neuen wurde am stärksten in der Versdichtung sichtbar, die das geeignetste Medium dafür war, bereits die frühesten gefühlsmäßigen Äußerungen des 18. Jhs. aufzufangen und bis gegen dessen Ende immer deutlicher zum Ausdruck zu bringen. Aber wenn auch die Poesie des Klassizismus schneller zurückwich als die Prosa oder das Drama, so muß man sich doch zur Vermeidung eines literarisch schiefen Bildes ihre noch lange anhaltenden Nachwirkungen vergegenwärtigen.

1. Das klassizistische Erbe

Daß die klassizistische Poesie in gewissen Kreisen noch bis ans Ende des 18. Jhs. geschätzt wurde, ergibt sich aus der Tatsache, daß Robert Dodsleys (1703—64) Collection of Poems (1748) bis 1782 elfmal aufgelegt werden mußte. In dieser Sammlung waren in der Hauptsache solche Dichter vertreten, die Alexander Pope (II, 123 ff.) nahestanden oder ihn verehrten. Von den längsten Gedichten sind elf in dem für den englischen Klassizismus charakteristischen ‚heroic couplets' (II, 93) geschrieben. Das meiste zielt auf äußerliche rhetorische Wirkungen, und nur gelegentlich findet sich eine persönliche, vom Gefühl ausgehende Note.

Neben Dr. Samuel Johnson (II, 126 u. 130 f.), der bis in die 80er Jahre wirkte (vgl. S. 29) und mit seinen besten Gedichten vertreten war, trugen als nennenswerteste Dr. Mark Akenside (II, 128), Lord George Lyttelton (1709—73) und William Whitehead (1715—85) durch ihre Verse in Dodsleys 6bändiger Anthologie zur Pflege des klassizistischen Stils bei.

Außerhalb dieser Sammlung, die in ihren Neuauflagen das literarische Erscheinungsbild der Jahrhundertmitte weiterreichte, bewegte sich eine Reihe zwiespältiger Dichter, die zwar neue Töne aufgriffen, vorwiegend aber im Traditionellen verblieben, so daß sie gewissermaßen die alte Linie der „aufgelockerten klassizistischen Dichtung" (II, 126 ff.) fortsetzten.

So tragen zwar die meisten satirischen *Collected Poems* (1763/65) von Charles Churchill[1]) (1731—64) hier und dort romantische Züge, gehören aber im ganzen der alten rhetorischen Schule an. Berühmt wurden vor allem seine Angriffe gegen Theaterpersönlichkeiten in *The Rosciad* (1761) sowie seine heftige Kritik an Smollett (II, 138 f. u. S. 34) in *Apology to the Critical Reviewers* (1761) und an den Erstminister Lord Bute in *The Prophecy of Famine* (1763). William Falconer (1732—69) hätte aus einem erlebten Schiffbruch in *The Shipwreck*[2]) (1762, umgearbeitet 1764 u. 1769) etwas Lebendiges machen können. Stellenweise bricht auch wahres Empfinden durch, doch verführte ihn seine alte Schulung zur Künstelei. Er belegte z. B. die Matrosen mit griechischen Namen und flocht lange Belehrungen ein. In James Graingers (? 1721—66) *The Sugar-Cane* (1764) tritt das Lehrhafte hinter der genauen Schilderung der ländlichen Beschäftigungen mehr zurück, aber die Hauptsache bleibt — wie auch in Nathaniel Cottons (1705—88) *Poems* (1751 u. 1767) — das Verstandesmäßige, Abstrahierte, Imitative.

Bis in die Hochromantik hinein (vgl. S. 49 f.) finden sich klassizistische Nachläufer, von denen im vorangehenden Zeitabschnitt John Wolcot (1738—1819) unter dem Pseudonym ‚Peter Pindar' mit seinen parodistischen und satirischen Versen noch erfolgreich war, und Erasmus Darwin (1731—1802), der Großvater Charles Darwins, wegen seiner naturwissenschaftlichen Lehrgedichte in Reimpaaren — z. B. *The Botanic Garden* (1789/92) — beachtet wurden.

Es zeigte sich immer deutlicher, wie sehr die klassi-

---

1) W. C. Brown, *Charles Churchill: Poet, Rake and Rebel*, Lawrence/Kans. 1953; E. Weatherley, *Charles Churchill: Neoclassic Master*, ‚Univ. of Kansas City Rev.' 20 (1954), 266 ff.; ders., *Churchill's Literary Indebtedness to Pope*, StPh 43 (1946), 59 ff.

2) Vgl. G. Couchman, *Masefield's ‚Dauber' and Falconer's ‚Shipwreck'*, NQ 199 (1954), 124.

zistische Poesie stereotyp, blutlos und spielerisch geworden war. Ihre zweit- und drittrangigen Vertreter fanden zwar Leser, die Hauptströmung in der Dichtkunst verfolgte jedoch andere Ziele.

2. Die frühromantische Poesie

Selbst Dodsleys Gedichtsammlung (vgl. S. 16), die der klassizistischen Sache dienen wollte, hatte einige neue Töne nicht vermeiden können, und bei der Darstellung des Klassizismus mußte wiederholt bereits auf gefühlsmäßige Einschläge in der englischen Versdichtung hingewiesen werden (II, 126 f.), deren genaue Überprüfung in der ersten Hälfte des 18. Jhs. sogar erkennen läßt, daß die Anzeichen echter Gefühlsäußerungen zahlreich genug sind, um von einer „Vorromantik" sprechen zu können. Mag diese Bezeichnung auch zu irrigen Vorstellungen Anlaß geben, so darf man andererseits die sehr frühen Keime nicht gering werten, weil sie sowohl für das klassizistische Zeitalter als auch für das ganz allmähliche Hochkommen in der Romantik in England charakteristisch sind.

a) Die ersten Anregungen

Schon zu Beginn des 18. Jhs. bereitete Thomas Parnell[3]) (II, 125) durch die resignierende Stimmung in seiner Ode A Night-Piece on Death (gedr. 1722) eine Richtung vor, die dann in Robert Blairs (1699—1746) Gedicht The Grave (1743) in 800 Blankversen starken Ausdruck fand: Schauer der düsteren Grabstätte und Schrecknisse des Todes, ein bis dahin nicht geschildertes Erlebnis, das auch Edward Young[4]) (II, 127) in seinen Night Thoughts[5]) (1742/45) Anlaß zu langen Reflektionen über Nacht und Tod gab und eine typische Seite der Romantik, den Weltschmerz, begründete. In unmittelbarer Nähe steht Thomas Grays[6]) (II, 128) von Dodsley ver-

---

[3]) Vgl. R. Jackson, Thomas Parnell, the Poet, ‚Dublin Magazine' 20 (1945), 28 ff.

[4]) E. König, Edward Young, ‚Schweiz. Angl. Arb.' 37, Bern 1954.

[5]) H. Pettit, A Bibliography of Young's ‚Night Thoughts', Colorado 1954.

[6]) H. Starr, A Bibliography of Thomas Gray, Philadelphia 1953; Ketson-Cremer, Thomas Gray, A Biography, Cbr. 1955.

öffentlichte, berühmt gewordene Elegy Written in a Country Churchyard (1751), in der in klassizistisch geschliffenen vierzeiligen Strophen echte Gefühle zum Vorschein kommen, wenn sich der Dichter vor den Gräbern eines Dorffriedhofs die Schicksale der verstorbenen einfachen Menschen vergegenwärtigt, die dann von Burns (vgl. S. 27 f.) und Wordsworth (vgl. S. 53 ff.) immer wieder besungen wurden.

Ein anderer Charakterzug der Romantik deutete sich ebenso früh in den Miscellany Poems (1713) der Gräfin v. Winchelsea[7]), Anne Finch (II, 126), an: ein echtes Gefühl für die Natur und für den Zauber des Landes, von dem ebenso schon John Dyer (II, 126) in einigen Gedichten, vor allem in Grongar Hill (1726), ergriffen wurde. Gleichzeitig begann James Thomson[8]) (1700—48) mit seinen aus persönlicher Erfahrung stammenden, bis ins Einzelne gehenden Naturbeschreibungen The Seasons (1726/30), die zwar wegen ihrer moralisierenden vernünftelnden Haltung noch nicht romantisch genannt werden können, aber durch ihre anschaulichen Schilderungen von Farben, Lichtwirkungen, Düften und Tönen sowie durch die genauen Tierbeobachtungen die spätere Naturdichtung stark anregten.

Um die Mitte des 18. Jhs. trat auch bereits das in der Früh- und Hochromantik bedeutsame lyrische Element in der Naturdichtung — die Verschmelzung der seelischen Regungen mit der Natur — hervor, wofür besonders Miltons Jugendgedichte (II, 101) anregend wirkten. Einsame Ruinen, das abendliche Dämmerlicht und andere Stimmungen bewirken Sehnsucht und Wehmut in einigen Odes (1746) von Joseph Warton (1722—1800), in dessen Bruder Thomas Wartons (1728—90) Pleasures of Melancholy (1747) und in William Collins' (1721—59) Odes on Several Descriptive and Allegoric Subjects (1746).

Wegen der Nachahmung Spensers (II, 50 f.), der neben Milton große Anziehungskraft für die Romantiker besaß, ist William Shenstone (1714—63) mit einigen seiner

[7]) R. Brower, Lady Winchelsea and the Poetic Traditions of the Seventeenth Century, StPh 42 (1945), 61 ff.

[8]) D. Grant, James Thomson, Ldn. 1951.

naturbeschreibenden Odes (1737 ff.), hauptsächlich aber wegen der Dichtung The Schoolmistress (1737, erweitert 1742 u. 1748) zu erwähnen, die in ziemlich sentimentaler Weise das Schicksal einer einfachen Dorflehrerin darstellt. Die Schilderung der ländlichen Atmosphäre wirkte besonders auf Cowper (vgl. S. 24 f.) und Wordsworth (vgl. S. 53 ff.).

Schließlich kamen schon früh von Schottland Anregungen für die nach Neuem suchenden Dichter. Beeindruckt durch die Volkspoesie und Balladen der schottischen Bauern, brachte Allan Ramsay[9]) (1686—1758) die Liedersammlungen The Ever Green (1724) und The Teatable Miscellany (1724/27) heraus und wirkte dadurch stark auf Thomson (vgl. S. 19) und auf Burns (vgl. S. 27 f.).

Bei den bisher erwähnten Dichtungen handelte es sich nur um vereinzelte den Klassizismus durchbrechende Stimmen, die häufig von anglikanischen Geistlichen erhoben wurden: der Hang zur Einsamkeit und zur Melancholie, die Grabes- und Nachtpoesie, der Weltschmerz, das Mitgefühl für die Armen und Schwachen, das Interesse für die Natur und für die nationale Vergangenheit. Zu einer offenen Kritik an Pope und seinen Getreuen und zur bewußten Lossagung von ihnen kam es nach den „vorromantischen" Versuchen erst in den 50er Jahren.

Dieser am Anfang der Frühromantik stehende Protest wurde in der Hauptsache ebenfalls von anglikanischen Geistlichen erhoben, die dadurch unter dem Einfluß der aufklärerischen Verweltlichung zum erstenmal seit der Reformation wieder aktiv für die schöngeistige Literatur eintraten.

Nachdem Thomas Warton (vgl. S. 19) in Observations on the Faerie Queene of Spenser (1754) eine nur aus der Phantasie heraus zu begreifende Welt propagiert hatte, wandte sich sein Bruder Joseph Warton (vgl. S. 19) im Essay on the Genius and Writings of Pope (1756 u. 1782) gegen das Moralisieren in der Dichtung und stellte als deren Hauptquelle das Erhabene, Emotionale und Schöpferische heraus.

---

9) M. Burns & J. Oliver, The Works of Allan Ramsay, bisher 2 Bde., Edinb. 1951/53.

Edward Young (vgl. S. 18) forderte in den *Conjectures on Original Composition* (1759) den künstlerischen Individualismus, das schöpferische Genie, und verwarf die vom Klassizismus auferlegten Regeln als Krücken, die das wahre Dichtertum nur behinderten Richard Hurd (1720—1808) würdigte in seinen *Letters on Chivalry and Romance* (1762) neben Spenser und Milton auch die damals als „gotisch" bezeichnete Welt des mittelalterlichen Rittertums nach neuen Maßstäben und leitete eine vom Klassizismus unabhängige historische Betrachtungsweise ein, die auch Sinn für die Wunder der Phantasie hatte. Wenn man dann noch der zahlreichen theoretischen Abhandlungen[10]) der 50er und 60er Jahre gedenkt, die das Ziel verfolgten, die klassizistischen Forderungen als einseitig, falsch oder gar schädlich hinzustellen, so wird klar, daß sich um 1760 eine neue Auffassung von der Dichtung herausgebildet hatte, die als immer stärker werdender Konkurrent gegen das Alte auftrat, bis sie schließlich gegen Ende des Jahrhunderts die Oberhand gewinnen konnte.

b) Die Wiederbelebung des Mittelalters

Parallel zu den soeben erwähnten Forderungen nach einer Neuwertung des Mittelalters entstand eine Dichtung, die verschiedene Seiten jenes ‚gothic age' zu verherrlichen suchte.

Der ganz allmählich für romantische Elemente empfängliche Thomas Gray (vgl. S. 18) machte in einigen seiner wenigen Gedichte die Zeitgenossen mit der nordischen und keltischen (walisischen) Vergangenheit bekannt. Sein Sinn für diese offenbart sich vor allem in *The Fatal Sisters* (1761), den Walküren, die das Schicksal der Helden auf dem Schlachtfeld bestimmen, und in *The Descent of Odin* (1761), wo Odin zur Prophetin Sibylle reitet, um das Geschick Baldurs zu erfahren.

---

10) Vgl. z. B. die Untersuchung des Bischofs Robert Lowth (1710—87) *De Sacra Poesi Hebraeorum Praelectiones* (1753), die zum ersten Male die Bibel als Dichtung behandelt, oder Edmund Burkes (1729—97) *Philosophical Inquiry into the Origin of our Ideas of the Sublime and the Beautiful* (1756), wo über das Wesen der Schönheit, des Erhabenen und des Schauererregenden in romantischem Geiste gehandelt wird.

Wie stark das Interesse dieser Zeit an der keltischen Vergangenheit war, zeigen die als Fragments of Ancient Poetry collected in the Highlands of Scotland[11]) (1760) von dem Theologen James Macpherson (1736—96) herausgebrachten angeblichen Übersetzungen aus dem Gälischen. Wenn sie auch schnell als Fälschungen entlarvt werden konnten, so tat das der ungeheuren Wirkung in ganz Europa keinen Abbruch. Die in vermeintlich alter Dichtform — nämlich in rhythmischer Prosa — verfaßten 15 Stücke berichten aus dem Munde des erblindeten gälischen Barden Ossian von früheren Heldentaten, Jagden, Großmut und Liebe. Den Hintergrund bilden das düstere Meer, das einsame Hochland mit seinen nebelumhangenen Bergen und der ewig graue Himmel. Die Stimmung ist melancholisch. Das alles entsprach dem Geschmack weiter Kreise der 60er Jahre nach einer primitiven, unverdorbenen Vergangenheit mit starken und echten Gefühlen.

Ihren bedeutendsten Niederschlag fand dieses Verlangen in Dr. Thomas Percys (1729—1811) Reliques of Ancient English Poetry[12]) (1765), einer Sammlung von 45 Balladen, die teils historische, teils frei von Zeitgenossen oder vom Verfasser erfundene Begebenheiten behandeln. Mit ihrer Darstellung von naturhaftem Heldentum, primitiven Instinkten, elementaren Leidenschaften, urwüchsiger Tragik und mit dem Glauben an das Wunderbare und Übernatürliche stellen auch sie eine Auflehnung gegen die gelehrte klassizistische Dichtung dar. Sie regten zu weiteren Balladensammlungen während der Frühromantik an[13]) und wirkten in England vor allem auf Scott (vgl. S. 69 ff.), Coleridge (vgl. S. 50 ff.) und Southey (vgl. S. 56 f.).

Von unmittelbarstem Einfluß waren sie auf den Wunderknaben Thomas Chatterton[14]) (1752—70), der bereits vor seinem zwölften Lebensjahr Gedichte nach klassizisti-

---

[11]) J. Price, James Macpherson's Ossian, CR 188 (1955), 404 ff.

[12]) Vgl. A. Friedman, The First Draft of Percy's Reliques, PMLA 69 (1954), 1233 ff.

[13]) Z. B.: Joseph Ritson zu den English Songs (1783), Thomas und Robert Evans zu den Old Ballads (1777 u. 1784), George Ellis zu den Specimens of Early English Poets (1790).

[14]) J. Nevill, Thomas Chatterton, Ldn. 1948.

schem Muster verfaßte und sich danach so in das Mittelalter hineinträumte[15]), daß auch er — wie Macpherson — Gedichte und Balladen in alter Form und Schreibung erfand. Er gab vor, in einer Kirche von Bristol Manuskripte von Thomas Rowley, einem Mönch des 15. Jhs., entdeckt zu haben, und veröffentlichte die Fälschungen als The Rowley Poems (1768). Auch hier wurde der Betrug bald entdeckt, und der 17jährige Verfasser nahm sich das Leben. Die Sammlung von Balladen — darunter als beste An Excelente Balade of Charitie — und lyrischen Gedichten beweist aber erneut den in den 60er Jahren sehr ausgeprägten Sinn für die romantische Vergangenheit, der auch später nicht verlorenging.

So veröffentlichte z. B. James Beattie (1735—1803) in wirkungsvollen Spenser-Strophen (II, 51), aber ohne die tiefe Einfühlungskraft The Minstrel (1771/74). Der Dichter erzählt die legendäre Lebensgeschichte des umherziehenden Barden Edwin, in dem er sich selbst zu konterfeien trachtete.

c) Natur, Mensch und Gott in neuer Schau

Die Wiederbelebung des Mittelalters war das Hauptmerkmal der neuen Dichtung in den 60er Jahren. Daneben gab es aber schon andere Themen, die sich dann während der Frühromantik immer stärker als typisch herausbildeten. Allerdings wurden sie so verschieden behandelt, daß die Dichter trotz mancher gemeinsamen Züge in ihrer Grundhaltung als Einzelpersönlichkeiten mit sehr ausgeprägten individuellen Eigenarten nebeneinander standen.

Als Beispiel einzigartiger religiöser Lyrik des 18. Jhs. ist A Song to David (1763) erwähnenswert, das der zeitweise geisteskranke Christopher Smart[16]) (1722 bis 1771) zum Teil an die Wände seiner Zelle geschrieben haben soll. In rund 100 6zeiligen Strophen besang der

---

15) H. Oppel, Die Entdeckung der englischen Gotik durch Chatterton, ‚Festschr. f. Kunstgesch. u. christl. Archäologie' 1953.

16) E. Ainsworth & Ch. Noyes, Christopher Smart, A Biographical and Critical Study, ‚The Univ. of Missouri Studies' 8, Columbia/Mo. 1943; N. Callan, The Collected Poems of Christopher Smart, 2 Bde., Ldn. 1949.

Dichter aus überschwänglicher Phantasie, oft unvermittelt an Alltägliches anknüpfend, häufig sprunghaft und unter Verwendung exotischer Bilder das göttlich Erhabene. Er wirkte — auch durch seine überlegene Wortkunst — auf Rossetti (vgl. S. 140 ff.) und Browning (vgl. S. 102 ff.), wahrscheinlich vorher bereits auf Blake (vgl. S. 25 f.).

Obwohl in den meisten Werken noch sehr dem Alten verhaftet, machten die zwei längsten Gedichte von Oliver Goldsmith[17]) (? 1728—74) durch neue Züge so stark Schule, daß sie an dieser Stelle gewürdigt werden müssen: The Traveller (1764) und The Deserted Village (1770). Beide sind zwar in ‚heroic couplets' abgefaßt, doch ist ihre Handhabung aufgelockerter als sonst. Inhaltlich zeigt schon das erste bei seinen kritischen Schilderungen der in Europa kennengelernten Länder und Völker ein bis dahin nicht übliches Mitempfinden für die Leiden der Armen, das im zweiten noch stärker zutage tritt. Auch die Beschreibungen der Natur und des einfachen Lebens sowie die zarteren Gefühlsregungen und eine persönliche Note angesichts des Wandels vom Ackerbau treibenden zum industriellen England[18]) deuten auf die künftige romantische Lyrik.

Zu den Hauptvertretern der frühromantischen Dichtung gehören Cowper und Blake, weil sie durch eine lange Reihe von Motiven die Hochromantik befruchteten.

Der zarte und überempfindliche William Cowper[19]) (1731—1800) schwankte im Leben und in seiner Dichtung zwischen mehreren Gegensätzen. Er litt zeitweise unter religiöser Schwermut, zu der seine tiefen Auseinandersetzungen mit dem Methodismus beitrugen, war zum anderen aber gesellig und humorvoll. Er neigte zur Mystik, wurde aber immer wieder aus seiner Schau durch die Liebe zur Wirklichkeit herausgerissen. Er floh in die Natur, um einsam zu sein, und wich wieder aus ihr zurück, weil er sie in ihrer Unberührtheit durch seine Unreinheit

---

17) R. Wardle, Oliver Goldsmith, Ldn. 1958.

18) H. Bell, ‚The Deserted Village' and Goldsmith's Social Doctrines, PMLA 59 (1944), 247 ff.

19) G. Thomas, William Cowper and the Eighteenth Century, Ldn. ²1948; M. Quinlan, William Cowper: A Critical Life, Minneapolis 1953; R. Huang, William Cowper: Nature Poet, Oxf. 1958

nicht verletzen wollte. Er konnte entsagen, aber auch heftig begehren und endete im Wahnsinn, nachdem die von ihm verehrte Mrs. Mary Unwin gestorben war, deren Tod er als Glied einer langen Kette von Enttäuschungen empfand.

Von seinen *Olney Hymns* (1779) bereicherten einige wegen ihres tief religiösen Gehalts und ihrer Sangbarkeit die Kirchenlieddichtung. In der Ballade *John Gilpin's Ride* (1782) konnte er ausgelassen erzählen, wie ein geborgtes Pferd mit seinem Reiter durchgeht, so daß dieser ungewollt ein Rennen veranstaltet. Aus dem launischen Einfall von Lady Austin, einer Freundin von Mrs. Unwin, das Sofa zu besingen, entstand das über 5000 Blankverse lange Lehrgedicht *The Task* (1784), das im Grunde die Frage nach dem Sinn und Wert der Kultur aufwarf und dabei gegen die Laster der Zeit, im besonderen gegen die Nachteile des Stadtlebens, gerichtet war. Cowpers letztes Gedicht *The Castaway* (1794) gibt mit der Schilderung vom Tode eines Schiffbrüchigen seiner seelischen Qual erschütternden Ausdruck.

Insgesamt war Cowper ein wichtiger Wegbereiter für Wordsworth (vgl. S. 53 ff.) durch seine breiten Naturbeschreibungen, wobei häufig seine Gefühle in die Betrachtungen eingehen, und durch seine Sympathien für alle Wesen, die für die große Gemeinschaft des Lebens notwendig sind; für Byron (vgl. S. 58 ff.) durch seine Gefühle der Heimatlosigkeit und der sozialen Unrast.

Der Maler, Zeichner, Graveur und Dichter William Blake[20]) (1757—1827) führte mit seinen mystischen Kunstwerken, unter denen seine Dichtung nur einen bescheidenen Platz einnimmt, ins 19. Jh. — und damit in die Hochromantik — hinüber. Schon als Kind hatte er Visionen und sah in seiner wuchernden Phantasie die Umgebung

---

20) W. Witcutt, *Blake, A Psychological Study*, Ldn. 1946; N. Freye, *Fearful Symmetry, A Study of William Blake*, Princeton 1947; M. Wilson, *The Life of William Blake*, Ldn. ²1948; G. Keynes, *Blake Studies: Notes on His Life and Works in 17 Chapters*, Ldn. 1949; B. Blackstone, *English Blake*, Cbr. 1949; H. Margoliouth, *William Blake*, Oxf. 1951; J. Bronowski, *William Blake, A Man Without a Mask*, Ldn. (Penguin) 1955; W. Gaunt, *Arrows of Desire; A Study of William Blake and His Romantic World*, Ldn. 1956; H. Gauger, *William Blake*, DNSpr. 1957, 297 ff.

mit Engeln und seltsamen Gestalten bevölkert, denen er in Stichen, Zeichnungen und Bildern[21]) später Ausdruck gab. In den schlichten und innigen Poetical Sketches (1783) und Songs of Innocence (1789) wird die Kindheit — wie einst bei Vaugham (II, 89) und Traherne (II, 109 f.) — als seliger Urzustand gepriesen. Menschen, Tiere und Blumen leben in Frieden und gegenseitigem Vertrauen, geführt und beschützt von Engeln. In den Songs of Experience (1794) aber zerstört die Erfahrung die sonnige Welt des Kindeslebens und der Tod meldet sich als Mahner. Dem unschuldigen The Lamb dort tritt hier The Tyger[22]), eine Schöpfung des Bösen, gegenüber. Und so haben viele Stücke ihre unversöhnlichen Kehrseiten. Die Widersprüche, Unsinnigkeiten und Gegensätze des Daseins trieben Blake in seinen zwischen 1789 und 1794 liegenden Dichtungen, von denen The Book of Thel (1789), The Marriage of Heaven (1790), The Vision of the Daughters of Albion (1793), America (1793) und Europe a Prophecy (1794) die nennenswertesten sind, immer mehr in eine Mystik, bei der die Umwertungen aller bestehenden Werte Rätsel aufgeben. Ganz im Verborgenen blieben den Zeitgenossen seine späteren „prophetischen"[23]) Werke mit ihrer z. T. unverständlichen Symbolik: The Book of Urizen (1794), The Book of Los (1795), The Four Zoas[24]) (1797) u. a. Als Wesentlichstes schält sich in ihnen heraus, daß der Intellekt als Zerstörer der kosmischen Harmonie geschaut wird und daß aus dem bestehenden Chaos nur die ‚imagination' als göttliche Kraft erlösen kann, wie es Christus und Milton (II, 112 ff.) bereits versucht haben[25]). Das alles bedeutet den stärksten

21) G. Keynes & E. Wolf, William Blake's Illuminated Books, N. Y. 1953.

22) M. Nurmi, Blake's Revisions of ‚The Tyger', PMLA 71 (1956), 669 ff.

23) M. Rudo, Organiz'd Innocence: The Story of Blake's Prophetic Books, Ldn. 1956; G. Digby, Symbol and Image in William Blake, Oxf. 1958; M. Schorer, William Blake: The Politics of Vision, N. Y. 1946.

24) G. Bentley, The Date of Blake's ‚Vala' or ‚The Four Zoas', MLN 71 (1956), 487 ff.

25) J. G. Davies, The Theology of William Blake, Oxf. 1948; M. Bottrall, The Divine Image: A Study of Blake's Interpretations of Christianity, Rom 1950.

Gegensatz zu den aus der Vernunft stammenden klassizistischen Regeln über Sitte, Staat und Gesellschaft.

d) Die schottische Bauerndichtung

Ein letzter wichtiger Auftrieb für die romantische Dichtung kam noch von schottischer Seite.

Nachdem Ramsay (vgl. S. 20) schon in den 20er Jahren das schottische Bauerntum besungen hatte, schilderte Robert Fergusson (1750—74) es in seinen Gedichten Leith Races (1773)), The Farmer's Ingle (1773) u. a.[26]) in den verschiedenen harten und auch fröhlichen Lebenssituationen in zarten oder derben Worten des schottischen Dialekts.

Darin ging er Robert Burns[27]) (1759—96), dem Vollender schottischer Überlieferung, unmittelbar vorauf. Dieser Bauernsohn aus Ayrshire blieb sein kurzes Leben hindurch trotz seiner Beziehungen zu Edinburgh, wo man ihn bisweilen als Naturgenie bestaunte, bäuerlich in seinem Denken, Fühlen und Wollen — auch in seiner Dichtung, die er als Poems Chiefly in Scottish Dialect[28]) von 1786 an in fünf jeweils erweiterten Auflagen veröffentlichte. Die Wahl seiner Themen ist nicht groß, aber alles ist natürlich und echt auf Grund eigener Erlebnisse dargestellt, unter denen solche im Wirtshaus recht zahlreich sind[29]).

In The Twa Herds spottet er gegen zankende Geistliche, in Holy Willie's Prayer gegen fromme Heuchler. In The Cotter's Saturday Night lobt er dagegen echte Frömmigkeit, die dem Aberglauben in Hallowen nicht abhold ist. Ein besonders gutes Beispiel schottischen Volksglaubens liefert das erzählende Gedicht Tam o' Shanter.

---

26) M. McDiarmid (ed.), The Poems of Robert Fergusson, Edinb. 1955.

27) R. Daiches, Robert Burns, Ldn. 1952; M. Lindsay, Robert Burns: The Man, His Work, the Legend, Ldn. 1954.

28) R. Burns, Poems and Songs of Robert Burns, N. Y. 1955.

29) Ch. Keith, The Russet Coat: A Critical Study of Burns' Poetry and of its Background, Ldn. 1956.

Immer tritt Burns für die Armen und für die von der Gesellschaft Zurückgewiesenen ein, denn es kommt ihm auf das wahre Menschentum an (The Jolly Beggars). Wegen seines Unabhängigkeitsbewußtseins und wegen seiner Freiheitsliebe bekannte er sich auch zur Französischen Revolution.

Von Jugend an mit der Natur und den Lebensgewohnheiten auf dem Lande vertraut, ist seine Naturlyrik echt und meistens ohne Sentimentalität (The Twa Dogs, To a Mouse).

Am stärksten erklingt die persönliche Note in den Liebesliedern, die er häufig bekannten Melodien unterlegte. Uralte Themen der Liebe wurden von Burns unter dem unmittelbaren Eindruck eigener Erlebnisse neu gestaltet (The Banks of Doon). Besonders innig sind Liebe und Natur in dem Gedicht To Mary in Heaven auf seine früh verstorbene Jugendgeliebte Mary Campbell miteinander verwoben. In Sweet Afton wird die Bewegtheit der Seele mit dem Fließen des Wassers gleichgesetzt, das für die schlafende Geliebte eine Schlummermelodie bildet.

Alle Themen und Töne, die von Burns kamen, wurden begierig von seinen Zeitgenossen aufgegriffen und wirken z. T. noch bis heute nach. Den Dichtern der Hochromantik bedeuteten sie neben den zahlreichen Anregungen der anderen Frühromantiker eine reiche Quelle für deren eigene Lyrik.

B. Die Prosa

Viel schwerer als in der Poesie konnte sich das Gefühlsmäßige in der Prosa niederschlagen. Während die klassizistische Dichtung mit ihren abstrakten Themen, ihrer Belehrung, Galanterie und Witzigkeit gegenüber den lebendigen, aus dem tiefsten Empfinden der Frühromantiker kommenden Tönen erstarrte und nur in einer dünnen Schicht in der zweiten Hälfte des 18. Jhs. vegetierte, trug in der gleichen Zeit die Prosa alten Stils noch zahlreiche beachtenswerte Blüten. Dennoch drang das Neue allmählich vor, häufig allerdings an Stellen, die weiten Kreisen nicht zugänglich waren.

1. Biographien, Tagebücher und Briefe

Der beste Hüter des alten Vermächtnisses von Pope war Dr. Samuel Johnson[1]) (vgl. S. 16). Mißtrauisch und ablehnend gegen alles, was sich nicht dem klassizistischen Dogma beugte, übte er schon allein durch seine Persönlichkeit bis zu seinem Tode (1784) einen großen Einfluß zugunsten der von den oberen Schichten bewahrten Tradition aus, obwohl sich die bürgerlichen Klassen immer stärker entwickelten.

Sein in einzelnen Teilen bis in die 40er Jahre zurückgehendes Werk Lives of the English Poets (1779/81) ist in Denkhaltung und Stil ganz klassizistisch. Die Anlage der 52 Beschreibungen der Dichterleben und -werke ist übersichtlich, die Beurteilung verstandesmäßig und nüchtern abwägend, wobei Johnson den romantisch geneigten Dichtern trotz seines Bemühens um Objektivität nicht gerecht werden konnte. Alles Barockhafte und Sentimentale wird abgelehnt. Die Worte sind abgewogen, der Satzbau ist klar und zeigt im allgemeinen die gleiche individuelle Prägung wie in seinen früheren Werken (II, 130 f.). Dadurch, daß der Stil im ganzen weniger pompös ist, nähert er sich dem allgemeinen Standard der klassizistischen Prosa.

Auch die zweite große Biographie dieses Zeitabschnitts steht in engstem Zusammenhang mit Dr. Johnson, nur ist er diesmal Gegenstand der Betrachtung. Sein zwanzig Jahre hindurch treuer und trotz aller Demütigungen ergebener Freund James Boswell[2]) (1740—95) hatte mit unermüdlichem Eifer alle Einzelheiten über Dr. Johnson gesammelt und in dem Werk The Life of Samuel Johnson (1791) veröffentlicht. In diesem besten und ausführlichsten Lebensbericht kommen auch schon Intuition und Gefühl zu Worte.

---

1) J. Clifford, Johnsonian Studies, A Survey and Bibliography, Minneapolis 1951; M. Joyce, Samuel Johnson, Ldn. 1955; J. Clifford, Young Samuel Johnson, Ldn. 1955; W. Bate, The Advertisement of Samuel Johnson, N.Y. 1955.

2) L. W. Lewis, The Hooded Hawk, or the Case of Mr. Boswell, Ldn. ²1952; F. Brady & F. Pottle, Boswell on the Grand Tour: Italy, Corsica, and France 1765 to 1766. Ldn. 1955.

Das gilt ebenso von den zahlreichen Tagebüchern und Briefen, die bereits im Aufklärungszeitalter zu einem beliebten Mittel für dessen Hauptanliegen wurden: Die Erforschung des Menschen. Je weiter das 18. Jh. vorrückte, um so stärker mußte dazu das Gefühlsmäßige einbezogen werden, so daß gerade die umfängliche Tagebuch- und Briefliteratur einen guten Spiegel für die vordringenden frühromantischen Strömungen darstellen, wenn diese auch nicht in der breiten Öffentlichkeit sichtbar wurden.

Man könnte etwa mit John Wesleys (vgl. S. 15) Journal[3]) beginnen, das er von 1735 an bis zum 88. Jahre seines Lebens (1791) gewissenhaft über seine Kämpfe gegen die Herrschaft des Verstandes führte[4]). Unterhaltsamer sind Frances (genannt Fanny) Burneys[5]) (1752—1840) Early Diaries und Hester Lynch Thrales (später Mrs. Piozzi) (1741—1821)[6]) Thraliane, die sich über die Jahre 1768/77 und 1776/1809 erstrecken und z. T. Autobiographien darstellen, z. T. aber von allen möglichen Kleinigkeiten der damaligen Gesellschaft berichten. Viele Seiten in Burneys Tagebüchern enthalten die Abschriften langer Briefe an Gleichgesinnte, die in den 60er Jahren eine Art ‚Blue-stocking Club' bildeten und ebenfalls eine ausgedehnte Korrespondenz über Eindrücke von Menschen, Gebräuchen und Büchern ihrer Zeit pflegten.

Die Briefe des Grafen v. Chesterfield[7]) (1694—1773) verraten kluge Weltkenntnis und werten — romantischer Auffassung gemäß — z. B. auch den Hirten als Menschen, doch offenbaren sie im allgemeinen noch klassizistische Anschauungen. Dagegen stehen Gilbert Whites[8]) (1720—93) als The Natural History of Selbourne (1789) veröffentlichten Briefe ganz im Zeichen des Neuen. Sie zeugen von sehr genauen Beobachtungen in der Natur,

---

[3]) H. Martin (ed.), Selections from the Journal of John Wesley, Ldn. 1955.

[4]) Vgl. R. Cameron, The Rise of Methodism: A Source Book, N. Y. 1954.

[5]) A. Edwards, Fanny Burney, Ldn. 1948.

[6]) A. Esdaile, Hester Thrale (Piozzi), QR 284 (1946), 179 ff.; J. Clifford, Hester Lynch Piozzi, Oxf. 1941.

[7]) Vgl. C. Price, Some New Light on Chesterfield, ‚Neuphilologische Mitteilungen' 54 (1953), 272 ff.

[8]) R. Lockley, Gilbert White, Ldn. 1954.

von tiefer Zuneigung zur kleinsten Kreatur und von Bewunderung der Schöpfungsgeheimnisse.

Unter den beachtenswertesten frühromantischen Briefschreibern stehen auch viele der voraufgehend erwähnten Dichter[9]), an erster Stelle Shenstone (vgl. S. 19 f.) mit seinen Gartenplänen und Anspielungen auf das Landleben, Gray (vgl. S. 21) mit seinem Lob für die Schönheiten der Landschaft, vor allem der Alpen, und Cowper (vgl. S. 24 f.) mit seiner Vorliebe zum Dorf und zu den Kleintieren.

Abschließend muß in diesem Kapitel noch der damaligen zahlreichen Tagebücher gedacht werden, die eine Sonderart der Autobiographie darstellen. So fand John Newberys (1713—67) The World Displayed (1759/61, 1774/78, 1790) in 20 Bänden mit den persönlichen Eindrücken aus allen Teilen der Welt bei den reiselustig werdenden Bürgern ein ebenso starkes Interesse wie die lange Reihe der kürzeren Darstellungen[10]).

2. Die Geschichtsschreibung

Die Vorliebe, sich in Memoiren und Briefen intensiv mit den Menschen in ihren individuellen Eigenarten zu beschäftigen, hat auch die Geschichtsschreibung in England wie nie zuvor angeregt. Wenn man auch diese Tatsache auf Initiativen zurückführen wollte, die mehr aus Bereichen des Gefühls als aus rein verstandesmäßiger Haltung stammen, so zeugen doch die während der frühromantischen Periode veröffentlichten historischen Werke

---

[9]) A. Tillotson u. a. (ed.), The Percy Letters, bisher 4 Bde., Louisiana (Univ. Pr.) 1944 ff.; E. Weatherly (ed.), The Correspondence of John Wilkes and Charles Churchill, Columbia (Univ. Pr.) 1954; R. Walker (ed.), James Beattie's Day-Book, Aberdeen 1949; G. Keynes, The Letters of William Blake, Ldn. 1956; D. Green, Letters of William Godwin and Thomas Holcroft to William Dunlap, NQ (NS) 3 (1956), 441 ff.; W. Lewis & A. Wallace, Horace Walpole's Correspondence with Mary and Agnes Berry and Barbara Cecilia Seton, New Haven 1944; W. Lewis u. a., Horace Walpole's Correspondence with Thomas Gray, Richard West, and Thomas Ashton, New Haven 1948.

[10]) Vgl. R. Franz in Cbr. Bibliography of English Literature, II, 739 ff.

in ihrem Aufbau und Stil von klassizistischer Denkweise.

Eingeleitet wurde die Periode der literarisch wertvollen Geschichtswerke durch die ab 1754 in acht Bänden erscheinende History of England (1754/62) des als skeptischer Philosoph bekannten David Hume[11]) (II, 105), der hier zum ersten Male nach den leitenden Ideen im historischen Geschehen fragte. Dabei ist der schottische Autor jedoch für die Stuarts und gegen die Puritaner voreingenommen. Auch sind die Quellen so leichtfertig benutzt, daß das Werk heute inhaltlich wertlos ist. Bis ins 19. Jh. hinein gehörte es jedoch zu den meistgelesenen Geschichtsbüchern über England. Der Stil ist klar und geschliffen.

Viel sorgfältiger in der Arbeitsweise verfuhr William Robertson (1721—93) — ebenfalls Schotte — in seinen drei Büchern: The History of Scotland (1759), The History of Charles V (1769) und The History of America[12]) (1771), die unvollendet blieb. Auch er strebte danach, die Tatsachen ursächlich zu verbinden, wertete das Quellenmaterial aber exakter aus als Hume.

Als wahrhaft „klassisches" Werk eines geborenen Historikers gilt das 5bändige The Decline and Fall of the Roman Empire (1771/88) von Edward Gibbon[13]) (1737—94). Mit ausgesprochenem Sinn für das Wesentliche stellte er die Geschichte des Römerreiches vom Jahre 98 n. Chr. bis zur Eroberung Konstantinopels durch die Türken (1453) mit großer Genauigkeit und in klarem, kunstvollem Aufbau dar. Allerdings blieb auch ihm — wie Hume — das Wesen des Mittelalters verschlossen, und es konnte ihm bei seiner deistischen Grundhaltung nicht gelingen, dem Christentum historisch gerecht zu werden. Als Verstandesmensch fehlte ihm — wie seinen Vorgängern — jede Begeisterungsfähigkeit. Gemäß seiner gleichmäßigen Darstellungsart folgen nach lateinischen Vorbildern kunstvoll gebaute so aufeinander, daß sie manchmal monoton wirken.

---

11) E. Mossner, The Life of David Hume, Ldn. 1954.

12) Vgl. R. Humphreys, William Robertson and His ‚History of America', Ldn. 1954.

13) J. Norton, A Bibliography of the Works of E. Gibbon, Ldn. 1940; G. De Beer u.a., Miscellanea Gibboniana, Lausanne 1952; M. Joyce, Edward Gibbon, Ldn. 1953.

3. Der Roman

Im Gegensatz zu den Historiographen war für die Romanschreiber die Bindung an Tatsachen nur die eine Möglichkeit der Themenbehandlung. Die zweite und häufigere bestand in der freien dichterischen Handhabung der wirklichen Gegebenheiten und die dritte in der Erfindung mehr oder weniger phantastischer Vorkommnisse, Personen oder gar Geister u. a. m. Von allen drei Möglichkeiten wurde in der zweiten Hälfte des 18. Jhs. in verschiedenem Maße Gebrauch gemacht. Für die ersten beiden waren die Muster durch Richardson (II, 134 ff.), Fielding (II, 136 ff.) und ihre unmittelbaren Anhänger geschaffen worden. Die Kette derer, die von dem einen oder anderen angeregt wurden, riß bis zur Hochromantik nicht ab, doch erfreuten sich unter unzähligen Veröffentlichungen als Meisterwerke diejenigen Romane augenscheinlich immer größerer Beliebtheit, die den frühromantischen Bestrebungen nachkamen, d. h. das Gefühlsmäßige in seinen verschiedenen Erscheinungsweisen mit einbezogen.

a) Die Weiterentwicklung alter Formen

In den 60er Jahren trat als erfolgreichster Prosaschriftsteller Oliver Goldsmith (vgl. S. 24) in Erscheinung. Seine Hauptstärke lag in den Essays, die zunächst einzeln in Zeitschriften und dann gesammelt erschienen, z. B. als The Citizen of the World (1762). Zur gleichen Zeit beendete er seinen einzigen, vier Jahre später veröffentlichten Roman The Vicar of Wakefield[14]) (1766). Über seine Prosawerke läßt sich dasselbe wie über seine Lyrik sagen (vgl. S. 24). Als Freund Dr. Johnsons folgte er im ganzen dessen klassizistischer Richtung, doch zeigen sich hin und wieder Züge, die erst für die kommende Zeit typisch waren[15]). Mit warmer Anteilnahme schilderte er den Pfarrer auf seinem Lebensweg durch Freuden und Leiden als Muster rührender Mensch-

[14]) F. Hilles (ed.), O. Goldsmith, The Vicar of Wakefield and Other Writings, N. Y. 1955.

[15]) Vgl. K. Eichenberger, Oliver Goldsmith: Das Komische in den Werken seiner Reifeperiode, ‚Schweiz. Angl. Arb.' 35, Bern 1955.

lichkeit und reiner Religiosität. Er zeigte auch Sinn für die Natur und hatte ein echtes Empfinden für die Leiden der Armen — besonders in den Gefängnissen. Statt der früher üblichen didaktischen Elemente findet sich bei ihm ein wirklich humanitärer Einschlag. Im Stil ging er noch alte Wege.

Goldsmith trug durch seine oben erwähnte Essaysammlung zu der kurzfristigen Mode bei, aus dem Munde von Angehörigen des Fernen Ostens gewisse Verfallserscheinungen in Europa — hauptsächlich in England — kritisieren zu lassen. Vor allem galten die Chinesen als Philosophen, die mit gesundem Menschenverstand für das Einfache und Natürliche eintraten. Nachdem auch Dr. Johnson um die Jahrhundertmitte in seiner kurzen History of Rasselas (1759) den Orient erfolgreich als Hintergrund benutzt hatte (II, 130), erschienen an weniger bedeutenden, aber für die nächsten 30 Jahre charakteristischen Romanen z. B. Almoran and Hamlet (1761) von Dr. John Hawkesworth (? 1715—73), The History of Nourjahad (1767) von Mrs. Frances Sheridan (vgl. S. 36) und Arsaces (1774) von Charles Johnstone (? 1719—? 1800).

In engem Zusammenhang mit den in der ersten Hälfte des 18. Jhs. vorgezeichneten Bahnen steht auch noch das Spätwerk The Expedition of Humphrey Clinker[16]) (1771) von Tobias Smollett (II, 138 f.), denn in vielem war der Dichter seinen alten Prinzipien treu geblieben. Doch gelangen die Charakterzeichnungen besser, weil die gewählte Briefform die Möglichkeit gab, die verschiedenen Personen von mehreren Seiten analysieren und ganz individuell erscheinen zu lassen. Außerdem steht im Hintergrunde der relativen Betrachtungsweise eine dem Autor bis dahin unbekannte Toleranz gegenüber menschlichen Schwächen, manchmal sogar Mitleid für die Opfer der Gesellschaft[17]). Den Hauptinhalt dieses reifsten Werks von Smollett bilden die den Zeitbedürfnissen nachkommenden Reiseerlebnisse in England

[16]) Vgl. K. Harder, Genealogical Satire in ‚Humphrey Clinker', NQ 200 (1955), 441 ff.

[17]) F. Boege, Smollett's Reputation as a Novelist, ‚Princeton Studies in English' 27, Princeton 1947.

und Schottland des gutherzigen, aber menschenfeindlichen Junggesellen Bramble, seiner heiratssüchtigen Schwester Tabitha, eines stutzerhaften Neffen, einer Nichte, einer Magd und schließlich des unterwegs gedingten Stallknechts Clinker.

b) „Sentimentale" und realistische Romane

Die Betonung gewisser Elemente, die sich bereits in den während der ersten Hälfte des 18. Jhs. begründeten Romanformen finden (II, 132 ff.), führte zu zwei Sonderarten, von denen die „sentimentalen" Romane nur kurze Zeit in Mode standen.

Laurence Sterne[18]) (1713—68) durchbrach in den berühmt gewordenen und mit neun Bänden noch unvollendet gebliebenen The Life and Opinions of Tristram Shandy, Gent[19]) (1759/67) die bis dahin übliche Romanform dadurch, daß er den sonst im Mittelpunkt stehenden Titelhelden erst im dritten Bande geboren werden und bald wieder verschwinden läßt. Die Handlung ist in die Dialoge gelegt. Das Ganze stellt ein Mosaik von Beschreibungen, Eindrücken, Unterhaltungen und Abschweifungen aller Art dar, die sich um Personen aus der Mittelschicht gruppieren. Die Charaktere werden durch feine, bis ins einzelne gehende Seelenanalysen lebensecht. Der wirklichkeitsfremde Vater Tristrams, Onkel Toby, mit seiner Passion für die Belagerungstechnik, der Korporal Trim, der Pfarrer Yorick und viele Nebenfiguren bis hinunter zum Küchenpersonal zählten zu den in der zweiten Hälfte des 18. Jhs. bekannten Gestalten. Das Wesentliche ist, daß die inneren Gefühlsregungen, die sich schon bei Richardson (II, 134 ff.) fanden, bei Sterne in den Vordergrund treten und auf das Gemüt der Leser wirken sollen. „Sentimental"[20]) nannte der Dichter diese das Gefühl ansprechende Darstellungsweise, die er dann auch in seinem zweiten unvollende-

18) A. McKillop, The Reinterpretation of Laurence Sterne, ‚Etudes Anglaises' 7 (1954), 36 ff.

19) Vgl. J. Traugott, Tristram Shandy's World: Sterne's Philosophical Rhetoric, Berkeley 1954.

20) Vgl. E. Erämetsä, A Study of the Word ‚Sentimental', Helsinki 1951.

ten Roman anwandte: A Sentimental Journey through France and Italy (1768), einem humorvoll gehaltenen Reisebericht[21]). So erwies sich der merkwürdige Geistliche Sterne als bewußter Gegner der Verstandesrichtung.

Mit ähnlichem Bestreben zum „Sentimentalen" erschienen zur gleichen Zeit zahlreiche Romane, von denen Mrs. Frances Sheridans (1724—66) mit weiblichen Herzensregungen angefüllten Memoirs of Miss Sidney Bidulph (1761) und Henry Brookes (c. 1703—83) Fool of Quality (1766) nennenswert sind. In diesem ersten wichtigen englischen Erziehungsroman nach der Art Rousseaus spielt der Edelmut des jungen Helden und späteren Grafen Moreland die Hauptrolle. Dem natürlichen Impuls wird mehr Gewicht beigelegt als dem verstandesmäßigen Vorsatz. Selbst dem Herzen des wilden Indianers kommt hohe Bedeutung zu.

Der bedeutendste Dichter der „sentimentalen Schule" war Henry Mackenzie (1745—1831), der von seinen Zeitgenossen mit dem Titel seines bekanntesten Buchs The Man of Feeling (1771) belegt wurde. Romanheld ist der sehr scheue und in manchen Zügen Goethes Werther vorwegnehmende Harley, dessen leidvolles Leben mit seiner Einsamkeit, unglücklichen Liebe und vielen anderen Härten die damaligen Leser zu immer neuen Tränen rührte. In dem im Briefstil verfaßten Werk Julia de Roubiqué (1777) wurde die rührselige Schilderung der keuschen Julia, die von ihrem Geliebten getrennt bleiben und einen Grafen heiraten muß, durch den dann großes Leid über sie und ihre Familie hereinbricht, bis zur quälenden Bedrückung gestaltet.

Das Gegenstück zu diesen „sentimentalen" Büchern bildeten die Sittenromane, die in realistischer Weise ein nüchternes Bild von den tatsächlichen Gegebenheiten zu entwerfen versuchten. Bis zum gewissen Grade knüpften sie an die sachliche Art Fieldings und Smolletts an, doch gehört es zu ihren Eigenarten, von Frauen gepflegt worden zu sein, die in den Mittelpunkt weibliche Charaktere

---

[21]) Vgl. E. Dilworth, The Unsentimental Journey of Laurence Sterne, N. Y. 1948.

ohne Illusionen stellten, wahrscheinlich als Reaktion zu der Perspektive der rosigen Brille, unter der die Romantiker alles Weibliche zu betrachten neigten.

Die schon als Tagebuchverfasserin genannte Frances Burney (später Mme. D'Arblay) (vgl. S. 30) bemühte sich auch in ihren Romanen um eine genaue Analyse des Denkens, Fühlens und Wollens der Frauen aus der geselligen Welt der oberen Bürgerschicht und des niederen Adels. Dadurch wurde ihr Buch Eveline, or The History of a Young Lady's Entrance into the World[22]) (1778) mehr zu einer getreuen Wiedergabe der alltäglichen Wirklichkeit als zu einem Roman. Die Verfasserin betrachtete in Briefen die Welt kühl vom Standpunkt eines Mädchens aus, das in die Londoner Gesellschaft kam. Ihrem zweiten Werk — Cecilia, or Memoirs of an Heiress (1782) — fehlt trotz der kunstvoll durchgeführten Liebesgeschichte wegen des belehrenden Tons die Frische. Dennoch war es ebenfalls ein Erfolg, während ihre späteren Romane Camilla (1796) und The Wanderer (1814) große Mängel aufweisen und als langweilig empfunden wurden, zumal sich inzwischen befähigtere Frauen um den Sittenroman bemühten, wie z. B. verhältnismäßig früh Elizabeth Inchbald (1753—1821). In ihrem 1777 geschriebenen, aber erst 14 Jahre später veröffentlichten Werk A Simple Story (1791) wird der Gegensatz zwischen einer auf englische Weise erzogenen Mutter und deren Tochter herausgestellt, die aus den von Rousseau proklamierten Erziehungsgrundsätzen Nutzen ziehen konnte. Das Gegenstück bildete Nature and Art (1796), wo ein in England erzogener Jüngling in der mit guter Beobachtungsgabe geschilderten Gesellschaft schlecht abschneidet im Vergleich zu seinem unter den Wilden Afrikas aufgewachsenen Vetter.

Nach solchen Anfängen blühte der realistische Roman erst nach der Jahrhundertwende auf und stellte eine kräftige Gegenströmung zur Hochromantik dar (vgl. S. 72 ff.).

---

[22]) Vgl. E. Montague & L. Martz, Fanny Burney's ‚Evelina', ‚The Age of Johnson: Essays presented to Ch. B. Tinker', New Haven 1949.

c) Die ‚Gothic Novels'

Dagegen gehörten die Schauer- und Schreckensromane oder ‚Gothic Novels' zum größten Teil der frühromantischen Periode an. Sie waren ein beliebtes Spielfeld der Phantasie und verfolgten die Absicht, in heftigster Weise Gefühle des Gruselns und Fürchtens zu erregen. Die Anhänger der ‚Terror School' bedienten sich aller Arten von Geistern und übernatürlichen Erscheinungen und knüpften im allgemeinen an das Mittelalter an, das auch sonst häufig ein guter Nährboden für die Frühromantiker war. Aus den Hunderten von Schauerromanen[23]), deren phantastische Geschichten das Bürgertum von den 60er Jahren bis in die Hochromantik (vgl. S. 65 f.) hinein ansprachen, sind für die Zeit der Frühromantik etwa ein halbes Dutzend als Meisterwerke ihrer Art zu nennen.

Als erstes The Castle of Otranto (1764) von Horace Walpole (1717—97), der sein 1747 gekauftes Häuschen Strawberry Hill bei Twickenham zu einem ‚Gothic castle' umbauen ließ und sich ganz in das Mittelalter einzuleben trachtete. Sein als Übersetzung aus dem Italienischen des 16. Jhs. ausgegebener Roman beschreibt ein Geisterschloß, in dem ein Skelett umhergeht, ein Bild aus dem Rahmen tritt, eine Statue zu bluten anfängt und viele andere mit Spannung geschilderten gruseligen Dinge geschehen.

Clara Reeve (1729—1807) versuchte in ihrem Roman The Champion of Virtue (1777) — in der zweiten Auflage als The Old English Baron — dasselbe Thema vom geraubten und wiedergewonnenen Erbrecht weniger unwahrscheinlich abzuhandeln und trat 1785 in einem besonderen Buch für die neue Romankunst ein.

Wie sie, so flocht auch Sophia Lee (1750—1824) unheimliche und schreckenerregende Züge in ihren teils empfindsamen, teils abenteuernden Roman The Recess (1785), der von zwei Töchtern der schottischen Königin

23) A. Summers, The Gothic Quest: A History of the Gothic Novel, Ldn. 1938; D. Varma, The Gothic Flame. Being a History of the Gothic Novel in England, Ldn. 1957.

Maria aus einer heimlichen Heirat mit dem Herzog v. Norfolk in geschichtsentstellender Weise handelt.

Gleichfalls angeregt durch ein in gotischem Stil konstruiertes Schloß — Fonthill Abbey — verfaßte 1783 der sehr vohlhabende und weitgereiste[24]) William Beckford (1760—1844) in französischer Sprache die dann auch ins Englische übertragene ‚Arabian Tale' Vathek (gedr. 1786) mit orientalischem Einschlag. Es ist die Geschichte eines Kalifen, der unter dem Zaubereinfluß seiner Mutter und nachdem er sich dem Teufel Eblis verschrieben hat, alle möglichen Verbrechen begeht und mit Schrecken enden muß. Das Buch gehört zu den erfolgreichsten exotischen Dichtungen des Jahrhunderts.

Am populärsten durch die Schauerromane wurde allerdings Ann Ward (Mrs. Radcliffe) (1764—1823). Aus der großen Zahl ihrer langen Werke gelten A Sicilian Romance (1790), The Romance of the Forest (1791), The Mysteries of Udolpho (1794) und The Italian (1797) als die besten. Alle sind nach dem gleichen Plan angelegt und verwenden die üblichen romantischen Charaktere mit ihren Abenteuern und Spukgeschichten, bei denen geheimnisvolle Manuskripte, verwunschene Schlösser, rasselnde Ketten, unterirdische Gänge, Schiebetüren, Versenkungen u. a. m. eine große Rolle spielen. Durch die langsame Erzählweise wird die Spannung bis zum Schluß erhalten, wo sich dann alles Geheimnisvolle als Illusion aufklärt.

Damit hatten während der Frühromantik die ‚Gothic Novels' ihren Höhepunkt erreicht. Doch wurden sie in verschiedenen Varianten noch lange fortgesetzt und wirkten vor allem durch ihre ausgezeichnete Technik auf die künftige Romanschreibung.

C. Das Drama

War schon die erste Hälfte des 18. Jhs. dem Theater wenig günstig gewesen, so schwand danach mit dem Vordringen des Gefühlsmäßigen das Interesse am Drama immer mehr. Wahrscheinlich hemmte die intensive Be-

24) B. Alexander (ed.), W. Beckford, The Journal of W. Beckford in Portugal and Spain 1787—1788, Ldn. 1954.

schäftigung mit dem Individuum und mit dem dunklen Mittelalter die Behandlung von Stoffen und Problemen, welche sonst zum dramatischen Gestalten besonders reizen: Helden im tragischen Kampf oder Menschen in ihrer Auseinandersetzung mit der Gesellschaft.

1. Die Tragödien

Am schlechtesten stand es mit der Tragödie, für die schon in der klassizistischen Periode die weltanschaulichen Voraussetzungen fehlten (II, 141). Den schauspielerischen Bemühungen David Garricks (II, 140 f.) war es zu verdanken, daß die ‚Tragedies' Shakespeares oder anderer Elisabethaner — allerdings in abgeänderter Form — aufgeführt wurden. Daneben unterstützte er die Nachahmungen französischer Klassiker, die bis in die 80er Jahre Stoffe lieferten, wie z. B. für Robert Dodsleys (vgl. S. 18) Cleone (1758), Horace Walpoles (vgl. S. 38) Mysterious Mother (1768) und Robert Jephsons (1736—1803) Braganza (1775). Hinzu kamen einige Versuche, die heimische Geschichte für Trauerspiele heranzuziehen. Das war der Fall in Hall Hartsons († 1773) Countess of Salisbury (1765), Thomas Francklins (1721—84) The Earl of Warwick (1766), William Woodfalls (1746—1803) Sir Thomas Overbury (1777) und Hannah Mores[1]) (vgl. S. 73) Percy (1777).

In der zweiten Hälfte des 18. Jhs. wirkten dann noch einige Stücke nach, die eine Mischform zwischen Lust- und Trauerspiel darstellten (II, 142) oder auch gewisse Kennzeichen der bürgerlichen Tragödie trugen. Dazu gehörten z. B. John Homes (II, 142) sehr erfolgreiches Meisterwerk Douglas (1756) mit dem langen Kummer um Lady Randolphs verlorenen Sohn, den nach 20 Jahren ein tragisches Geschick ereilt, oder Richard Cumberlands (1732—1811) Prosatragödie The Mysterious Husband (1783) mit dem Thema der heimlichen Ehen. Arthur Murphys (1727—1805) Orphan of China (1759), The Grecian Daughter (1772) und Alzuma (1773) sind schließlich noch Beispiele für den früher erwähnten exotischen Hang der Zeit (vgl. S. 24).

[1]) M. Hopkins, Hannah More and Her Circle, N. Y. 1946.

2. Die Komödien

Einen etwas weiteren Raum nahmen die Komödien ein, die entweder durch das Sentimentale zu Tränen oder durch ihren Witz und Humor zum Lachen anregen wollten.

Zu den Hauptvertretern des empfindsamen Lustspiels gehörte Hugh Kelly (1739—77), der durch seine mehr als zwanzigmal in einer Theatersaison gespielten Komödie False Delicacy (1768) besonders erfolgreich war. Intrigen an drei Liebespaaren, die aus übergroßer Scheu nicht zusammenfinden, bewirken sehr viel Situationskomik, aber auch zahlreiche Szenen der Rührung in der Absicht, zur Tugend zu ermahnen. In A Word to the Wise (1770) gibt der Geck Sir George Hastings gedemütigt seine Geliebte frei, damit sie den gefühlvollen Villars heiraten kann. Am wenigsten sentimental ist The School for Wives (1773), wo nach mißverstandenen Situationen drei glückliche Liebespaare die Ehe schließen können.

Richard Cumberland (vgl. S. 40) verfolgte die gleichen Ziele wie Kelly und war noch fruchtbarer. Er stellte inmitten bewegter Handlungen mit unvorhergesehenen Situationen vor allem solche Charaktere liebenswürdig und mit Rührung dar, die sonst dem Spott ausgesetzt waren, aber eher Mitgefühl verdienten. In The Brothers (1769) gilt die Anteilnahme einem Pantoffelhelden, in dem viel gespielten West Indian (1771) trat er für den Neureichen ein, in The Fashionable Lover (1772) für eine gerechte Beurteilung der Schotten, in The Jew (1794) gegen den Antisemitismus. Immer siegten das ehrliche Herz und die schlichte Natur — die Quelle aller Tugenden — gegen soziale Vorurteile. The Wheel of Fortune (1795) brachte in dem sich zum edlen Wohltäter entwickelnden Einsiedler Penruddock eine der gefühlvollsten Gestalten auf die Bühne.

Neben Kelly und Cumberland bekannten sich Dutzende von kleineren Autoren zu der gleichen Theaterkunst. Auch nach ihnen riß die Reihe Gleichgesinnter nicht ab. Das bürgerliche Publikum vergoß noch in den 90er Jahren viele Tränen über die rührseligen Stücke, z. B. über Thomas Holcrofts (1745—1809) The Road to Ruin

(1792), wo ein passionierter Spieler dank seines gütigen Herzens seine Laster aufgibt, als er erfährt, daß er seinen Vater an den Bettelstab bringen wird. Zur Sühne will er eine ältliche reiche Witwe heiraten.

Gegen diese sentimentale Komödie war aber seit ihrem Erscheinen heftige Kritik erhoben worden. Am deutlichsten hatte sich der vielseitige Oliver Goldsmith (vgl. S. 33 f.) schon in einem Kapitel seiner Enquiry into the Present State of Polite Learning in Europe (1759) und dann in den Essays A Comparison between Laughing and Sentimental Comedy (1773) gegen die Übersteigerung und Verdrehung der Gefühle ausgesprochen. Sein Good Natur'd Man (1768) war deshalb keineswegs gefühllos, doch herrschten natürliches Empfinden und gesunde Heiterkeit vor. Der Held — ein Gerichtsdiener — veranlaßt durch seine Gutmütigkeit gegenüber jedermann die Zuschauer zum Lachen, ohne sich selbst lächerlich zu machen. Zu einem der größten Lustspielerfolge wurde She Stoops to Conquer, or The Mistakes of a Night (1773). Noch bis heute gilt das herzhafte Lachen den unfreiwillig komischen Situationen, Irrtümern und Absurditäten, in welche die individuell gezeichneten, schlicht empfindenden Charaktere verwickelt werden. Die Gutsbesitzerstocher Constance erniedrigt sich zum Barmädchen, um den scheuen Bewerber gesprächig zu machen.

Noch wirkungsvoller gegen das Empfindsame waren Richard Brinsley Sheridans[2]) (1751—1816) ebenfalls noch heute aufgeführten Lustspiele The Rivals (1775) und The School for Scandal (1777), die eine Verbindung der ‚Comedy of Manners' (II, 143 f.) mit den Intrigenkomödien (II, 120) darstellen und infolgedessen keine organischen Einheiten bilden. Dennoch sind die meisten Szenen — in der ersten weniger als in der zweiten — mit ihren glänzenden Dialogen technisch ausgezeichnet und voller Witz und Humor. Sie vermitteln ein realistisches Bild der damaligen Gesellschaft mit ihren Verleumdern, Heuchlern und Lügnern und geiseln jede falsche Empfindsamkeit.

Außer Goldsmith und Sheridan nahm sich vor allem

---

[2]) L. Gibbs, Sheridan, Ldn. 1947.

noch George Colman d. Ält. (1732—1794) mit drei Stükken, zu denen er die Stoffe weitestgehend von anderen Autoren übernahm, der auf das Lachen abzielenden Komödie an. Für Philaster (1763) waren Beaumont und Fletcher (II, 73 f.) die Quelle, sein Spanish Barber (1777) basierte auf Beaumarchais „Le barbier de Seville", und Tit for Tat (1786) verdankte seine Anregungen Mariveaux. Da es mit den eigenen Initiativen für die dramatische Kunst kümmerlich bestellt war, sahen sich auch zahlreiche andere Verfasser von Bühnenwerken nach früheren englischen oder zeitgenössischen festländischen Vorbildern um, von denen sich von 1786 an Kotzebue als besonders geeignete Fundgrube erwies.

3. Die ‚Afterpieces'

Am stärksten war das Bedürfnis des bürgerlichen Theaterpublikums dieser Periode nach kurzen Stücken, die meistens im Anschluß an eine Tragödie oder Komödie geboten wurden. Die Entwicklung zu diesen ‚afterpieces' hatte bereits in der ersten Hälfte des 18. Jhs. begonnen (II, 146), und seitdem fanden sich immer mehr Autoren — z. T. unter den Schauspielern selbst —, die zu dieser anspruchslosen Art von Unterhaltung beitrugen. Aus der unübersehbaren Fülle von derartigen Aufführungen haben nur wenige den Tagesruhm überdauert.

Samuel Foote (II, 147) und Murphy[3]) (vgl. S. 40 u. II, 147) setzten ihre in den 50er Jahren begonnene Reihe von wirksamen Farcen oder Possen lange fort. In The Minor (1760), The Patron (1764), The Liar (1764) und The Maid of Bath (1776) griff Foote Persönlichkeiten des öffentlichen Lebens in boshafter Weise an. The Bankrupt (1776), The Capuchin (1778) und vorher schon andere Stücke verspotteten die Frankreichhasser und -anbeter. Zu Murphys besten Erzeugnissen gehören The Citizen (1761) — die Anprangerung der Bankmethoden, gutgläubige Bürger für Geldgeschäfte zu ködern — und Three Weeks after Marriage (1776) mit dem Parvenu von selt-

[3]) J. Emery, Arthur Murphy: An Eminent English Dramatist of the Eighteenth Century, Philadelphia 1946; H. Dunbar, The Dramatic Career of Arthur Murphy, N. Y. 1946.

samem Geschmack, der selbst die Bäume in seinem Garten zurechtstutzt, weil er nichts Natürliches leiden kann.

Als einer der fruchtbarsten Verfasser von ‚afterpieces' ist George Colman d. Ält. (vgl. S. 43) zu nennen, dessen erstes — Polly Honeycombe (1760) — den durch die Leihbibliotheken gelenkten Lesegeschmack kritisiert. The Jealous Wife (1761), The Clandestine Marriage (1766), The English Merchant (1767) und The Man of Business (1774) nahmen durch Verschrobenheiten auffallende Figuren des damaligen Bürgertums unter die Lupe und machten sie in ihren Mischungen von Komik und Sentimentalität lächerlich.

Daß das Empfindsame gelegentlich nicht so abgewertet wurde, wie es üblicherweise in den unterhaltenden Kurzstücken geschah, beweist Hugh Kelly (vgl. S. 41) mit The Romance of an Hour (1774), in der das einfältige Hindumädchen Zelida schließlich ihren Geliebten gegen die Absicht ihres Vaters heiraten kann.

Die Auflockerung vieler ‚afterpieces' durch Gesangeinlagen begünstigte die Entwicklung der Singspiele (II, 146) und führte zur Operette, die vor allem durch Isaac Bickerstaffes (? 1735—1812) Love in a Village (1762), The Maid of the Mill (1715) und Love in the City (1767) gefestigt wurde und zu der auch Sheridans (vgl. S. 42) Duenna (1775) und ein paar Stücke von Cumberland (vgl. S. 40 f.) wesentlich beitrugen.

Zur Wirkung der Aufführungen trugen außer der durch Garrick (vgl. S. 40) revolutionierten Spielweise mancherlei technische Verbesserungen in der Beleuchtung und Kulissenmalerei bei[4]). Was die Kostüme anbetraf, so trachteten selbst die Schauspielerinnen von Nebenrollen in den Komödien und ‚afterpieces' danach, kostbare Gewänder nach neuester Mode zu tragen. Auch die Tragödien wurden üblicherweise ohne Rücksicht auf den historischen Hintergrund in ‚modern dress' aufgeführt. Nur gelegentlich gab es Ausnahmen, hauptsächlich bei den Dramen Shakespeares oder bei exotischen Stücken, bei denen man sich um das Lokalkolorit bemühte.

---

[4]) R. Thomas, Contemporary Taste in the Stage Decorations of London Theatres, MPh 42 (1944), 65 ff.

2. Kapitel

DIE HOCHROMANTIK
(c. 1795 bis c. 1825)
Politische und soziale Hintergründe

Während der drei Jahrzehnte der Hochromantik vollzog sich der schon im vorangegangenen Zeitabschnitt begonnene kulurgeschichtliche Wandel, der bis 1832 zur Aufhebung der Monopolstellung des Adels führte.

An der Spitze des Staates stand zunächst noch Georg III. (1760—1820). Da er jedoch immer unzurechnungsfähiger wurde, übertrug das Parlament 1811 die ‚Regency' seinem Sohn, der dann 1820 als Georg IV. (1820—30) den Thron bestieg, sich aber nicht nur als ungeeignetster, sondern auch als unpopulärster und verhaßtester englischer König erwies.

Nach außen befand sich England in einer folgenreichen Abwehr gegen Napoleon. Es stellte sich 1793 auf die Seite der kontinentalen Koalition und ging nach überstandener Blockade und nach den Seesiegen bei Abukir (1798) und Trafalgar (1805) sowie nach der Schlacht bei Waterloo (1815) aus dem Kriege mit Frankreich als erste See- und Handelsmacht der Welt hervor. Das unangetastete Mutterland hatte seine während der zweiten Hälfte des 18. Jhs. erworbenen Kolonien bewahren und durch die Friedensverträge in Paris (1814/15) neue Gebiete und Stützpunkte (Helgoland, Malta, Kap der Guten Hoffnung) hinzugewinnen können, so daß die Grundpositionen für das im 19. Jh. entstehende ‚Empire' geschaffen wurden.

Im Innern des Landes hatten dagegen die während der Frühromantik einsetzenden Industrie- und Agrarrevolutionen, durch die sich England von einem Landwirtschafts- zu einem Industriestaat umgestaltete, und ferner die Kriegsfolgen zu sehr unerfreulichen Zuständen geführt.

In den alten und in den sich hauptsächlich in Lancashire, Yorkshire und im ‚Black Country' um Birmingham neu entwickelnden Städten erforderten zwar die Herstellung, Ausbesserung und Bedienung der immer zahlreicher werdenden Maschinen mehr Menschen; doch wuchs die Masse der ungelernten Arbeiter in demselben Grade, wie die Landflucht anhielt (1811 lebten 35% auf dem Lande, 1831 nur noch 28%). Dazu kamen die nach Kriegsende (1815) freiwerdenden Tausenden von Soldaten und ferner die steigende Zahl der Neugeborenen, so daß die 1801 neun Millionen umfassende Bevölkerung bis 1825 auf rund 20 Millionen anwuchs und Liverpool, Manchester, Glasgow und Bradford 75% mehr Einwohner hatten.

Die Folgen waren primitivste Behausungen, die ‚Slums', und ein immer größer werdendes Angebot von Männern, die sich verpflichten mußten, bis zu 14 Stunden täglich für Löhne zu arbeiten, welche um 1825 bei mindestens der Hälfte unter dem Existenzminimum lagen. Um die Familien ernähren zu können, wurde die Mitarbeit der Frauen und sehr oft sogar die der Kinder notwendig. Die Zustände waren so beklagenswert, daß in der 20er Jahren im Parlament Stimmen über Nationalschande, Sklaverei des Arbeiterstandes und fehlende Humanität laut wurden.

Das Elend führte die Arbeiter, denen durch die ‚Combination Laws' (1799 u. 1800) alle Vereinigungen zur Durchsetzung ihrer Belange untersagt waren, zu Revolten, Brandstiftungen, Maschinenzerstörungen (z. B. Aufstand der ‚Ludditen' 1811) und anderen Tätlichkeiten, die mit Todesstrafen und Deportationen beantwortet wurden. Das wichtigste Ergebnis in dem während dieser Zeit einsetzenden sozialen Klassenkampf, der durch das ganze 19. Jh. tobte, war die Aufhebung der ‚Combination Laws' (1824), so daß mit der Gründung der Gewerkschaften begonnen werden konnte.

Parallel zu den Auseinandersetzungen in den Städten zwischen den kleinen Gruppen der begüterten Industriellen und Großkaufleuten und andererseits den Arbeitermassen vertieften sich auf dem Lande die Gegensätze zwischen der grundbesitzenden und während des Krieges besonders viel verdienenden Gentry und den wegen der neuen Ackerbau- und Viehzuchtmethoden freiwerdenden Landarbeitern. Zu diesen Unzufriedenen traten auch die Pächter, nachdem die sie begünstigenden Kornzölle 1815 aufgehoben worden waren und der Preissturz zu ihrem Ruin geführt hatte, aus dem wiederum die Großgrundbesitzer profitierten. Das Ende des frühen patriarchalischen Dorflebens kam so schnell heran, daß die bis dahin in Sitten, Gebräuchen u. a. m. Geborgenen wurzellos wurden.

In den ersten drei Dezennien des 19. Jhs. fanden auch heftige Streitigkeiten zwischen Dissentern, die zum größten Teil Arbeiter und Bürger waren, und Angehörigen der anglikanischen Staatskirche statt, ebenso erbitterte Kämpfe zwischen diesen und den Katholiken.

Angesichts dieser Auseinandersetzungen und des gleichzeitigen Niedergangs des Adels mutet das aus diesem hervorgehende Dandytum besonders eigenartig an. Bei den ‚Dandies' handelte es sich um eine nach 1800 immer größer werdende Anzahl von ‚Beaux' mit exzentrischen Marotten. Zusammengehalten wurden die individuell so verschieden geprägten Angehörigen des höchsten Adels durch Georg IV., dessen Wunsch es war, als ‚The First Gentlemen in Europe' zu gelten und die im Kreise der ‚Beaux' — oder ‚Dandies'[1]), wie sie von 1816 an genannt wurden — Feste, Saufgelage, Spiele und Wetten veranstaltete und unvorstellbare Geldsummen vergeudete. Vielleicht wäre dieses Beautum während der sozialen Umschichtungen schnell geschwunden, wenn nicht der aus dem Bürgertum stammende George Brummell einen neuen Stil in die höchsten Gesellschaftskreise gebracht hätte. Von dem Gedanken erfüllt, den Niedergang des Adels zu verhüten, bemühte er sich — in Verkennung der geistesgeschichtlichen Situation —, alte an das Kavalierideal erinnernde Verhältnisse wiederherzustellen. Zunächst machte er durch seine im Gegensatz zu den ‚Beaux' unauffällige elegante Kleidung und durch sein sicheres und allen Übertreibungen abholdes Auftreten Schule und beherrschte schließlich als „Despot der Mode" weite Kreise der aristokratischen Gesellschaft. Als er aber 1816 England wegen Spielschulden verlassen mußte, degenerierten die Dandies zu einer nach Hunderten zählenden anrüchigen Masse blasierter, geräuschvoller Män-

---

[1]) Vgl. F. Schubel, D a s e n g l i s c h e D a n d y t u m a l s Q u e l l e e i n e r R o m a n g a t t u n g, ‚Essays and Studies on Engl. Language and Literature' 4, Uppsala 1950.

ner im besten Lebensalter, die ihre Zeit mit Gelagen, Spielen und Wetten verbrachten und häufig sich und ihre Familien ins Unglück stürzten.

Das Dandytum vollendet das bunte Bild einer Zeit, in der so extrem verschiedene Bevölkerungskreise gegeneinander standen und ihre individuellen Ziele ohne Rücksicht auf die neben ihnen existierenden Gruppen zu erreichen versuchten. Im ganzen unterlag dabei der bis dahin autarke Adel, indem er ein Privileg nach dem anderen aufgeben mußte.

Nur wenige Politiker und Reformer fanden während dieser Periode, in der die meisten Kräfte lange für die glückliche Beendigung des Krieges beansprucht wurden, die Zeit, sich um die Mängel und deren Abstellung zu kümmern. William Godwins[2]) (1756—1836) An Inquiry concerning Political Justice (1798) kritisierte die damalige Gesellschaft und vertraute auf eine durch die Vernunft bestimmte Erziehung zu einer besseren Zukunft. William Cobbett (1766—1835) mahnte von 1802 an durch sein Weekly Political Register zur Abstellung von Mißständen. Robert Owen (1771—1858) versuchte seit 1800 in seinen Fabriken bei Glasgow nachahmenswerte Beispiele für soziale Besserungen zu geben und veröffentlichte seine Ansichten in New View of Society (1813 ff.). Hier und dort begann auch die Theorie von Jeremy Bentham (1748 bis 1832) über das anzustrebende „größte Glück der größten Menge" Fuß zu fassen. Aber im ganzen wirkte sich sein Utilitarismus ebenso wie alle anderen Theorien oder praktischen Versuche zur Änderung der sozialen Mißstände erst im folgenden Zeitabschnitt aus.

Auch in der Literatur kamen die vielfältigen kulturgeschichtlichen Gegebenheiten erst nach der Romantik zum Ausdruck. Die damaligen Dichter kannten entweder die sozialen Wirklichkeiten nicht genau oder entflohen ihnen, weil sie alles, was mit Kultur und Zivilisation zusammenhing, mißachteten.

---

[2]) G. Woodcock, William Godwin: A Biographical Study, Ldn. 1946; D. Monro, Godwin's Moral Philosophy, Ldn. 1953; R. Grylls, William Godwin and His World, Ldn. 1953.

A. Die Versdichtung

Wie während der vorangegangenen Periode, so stand auch in der Hochromantik die Versdichtung im Vordergrunde. Die größten Repräsentanten sahen in der Lyrik und in phantasievollen Verserzählungen die besten Mittel, ihre Gefühle und Lebensansichten zum Ausdruck zu bringen. Im Hinblick auf ihre sehr unterschiedlichen individuellen Eigenarten (vgl. S. 12) lassen sie sich mehr nach äußerlichen als nach inneren Gesichtspunkten zu drei Kreisen zusammenstellen, denen zur Vermeidung einer einseitigen Schau des Zeitabschnittes ein paar andersgerichtete namhafte Dichter vorangestellt werden müssen, die noch dem Klassizismus huldigten.

1. Nachläufer des Klassizismus

Von diesen ist der Arzt und Pfarrer George Crabbe[1] (1754—1832) als der bedeutendste anzusehen. Er hatte schon während der Frühromantik im Stile Alexander Popes in Reimpaaren oder ‚heroic couplets' (II, 93) zu dichten begonnen, sich aber bereits in The Village (1783) von der im Klassizismus üblichen Art des Dorfidylls abgewandt und eine getreue Schilderung der Not der Bauern zu geben versucht. Diesem Thema blieb er dann in den nach längerer Pause entstandenen Dichtungen treu. In The Parish Register (1807) ging er dem leidvollen Leben der Menschen nach, die er in einem alten Kirchenbuch verzeichnet fand. Auch The Borough (1810), Tales of Verse (1812) und Tales of the Hall (1819) bringen realistische, düstere Beschreibungen von Armen, die vor dem unerbittlichen Schicksal resignieren müssen. Obgleich Crabbe in der Form klassizistisch und in der Darstellung des Stoffes realistisch war, erwarb er sich durch sein echtes Gefühl für die Notleidenden die Sympathien einiger Romantiker[2].

Lange Zeit unberührt vom neuen Zeitgeist blieb auch der Bankier und Dichter Samuel Rogers[3] (1763—1855)

---

1) R. Brett, Crabbe, Ldn. 1956.
2) L. Daddakin, The Poetry of Crabbe, Ldn. 1955.
3) D. Weeks, Samuel Rogers: Man of Taste, PMLA 62 (1947), 472 ff.

mit seinen meist altmodischen Themen. The Pleasures of Memory (1792) sind eine in ‚heroic couplets' geschriebene Paraphrase über Alisons Theorie von den Ideenassoziationen. Die Epistle to a Friend (1798) besingt die Freuden eines Sammlers von Kunstwerken. In The Voyage of Columbus (1812) versuchte Rogers zwar endlich, einige neue Elemente zu übernehmen und in Jacqueline (1813) die Geschichte eines entlaufenen Landmädchens zu schreiben, doch kehrte er in Human Life (1819) wieder zur alten Dichtart zurück. Dagegen sprach er dann endlich mit seinen in Anlehnung an Byron (vgl. S. 58 ff.) niedergelegten Reiseeindrücken Italy (1822 u. 1828) die Romantiker an.

Schwankend zwischen Altem und Neuem verhielt sich Thomas Campbell (1777—1844). Seine Pleasures of Hope (1799) waren noch unpersönliche Naturbeschreibungen in Reimpaaren. Die Verserzählung Gertrude of Wyoming (1809) kam dagegen durch den fernen Schauplatz Pennsylvanien und durch die Spenserstanzen romantischen Bestrebungen in ein paar Punkten nach. Dies gilt auch von einigen seiner kurzen lyrischen Stücke und Balladen. Am berühmtesten wurde Campbell durch eine Reihe von Kriegsgesängen wie Ye Mariners of England, Hohenlinden und The Battle of the Baltic.

2. Die drei ‚Lake Poets'

Das Gemeinsame der drei frühesten Versdichter der Hochromantik — Coleridge, Wordsworth und Southey — war, daß sie bis in die nächste geistesgeschichtliche Periode hinein lebten, sich zunächst für die Ideen der Französischen Revolution begeisterten, durch die Vorgänge in Frankreich aber ernüchtert wurden, nur wenige Jahre schöpferisch tätig waren und einige Zeit im ‚Lake District' (Westmoreland) in enger Verbindung standen, wodurch sie den Namen ‚Lake Poets' erhielten.

Der frühreife Samuel Taylor Coleridge[4]) (1772—1834) widmete in seinem unsteten Leben mit den Plänen für

[4]) M. Carpenter, The Indifferent Horseman. The Divine Comedy of Samuel Taylor Coleridge, Ldn. 1954.

ein „Reich der Freiheit" (Pantisocracy, vgl. S. 56) in Pennsylvanien, mit einer unglücklichen Ehe, mit längeren Reisen nach Deutschland, Malta und Italien sowie mit seiner Opiumsucht nur etwa fünf Jahre (1797 bis 1802), um seine berühmt gewordenen Versdichtungen zu schaffen[5]). Es war die Zeit, die er in Somerset und im ‚Lake District' mit Wordsworth zusammen (vgl. S. 53 ff.) verbrachte.

Während seine erste Gedichtsammlung Poems on Various Subjects (1796) noch ein Experimentieren zwischen verschiedenen Anschauungen zeigt und das Thema der durch die Natur angeregten allgemeinen Menschenliebe nur andeutet, wurde dies durch seine Aussprachen mit Wordsworth und durch seine intensive Beschäftigung mit dem Pantheisten Spinoza, dem Mystiker Böhme und später mit Kant, Fichte, Schelling und Jacobi Hauptanliegen seiner Dichtungen[6]). Auch seine Neigung für das Zauber- und Märchenhafte findet sich bereits in seinen ersten Gedichten, etwa in Song of the Pixies.

Mit den Lyrical Ballads[7]) (1798) erschien dann programmatisch, was Coleridge und Wordsworth unter der neuen Dichtkunst verstanden und die dieser in einer Vorrede zur zweiten Auflage von 1800 noch ausführlich erläuterte (vgl. S. 54). Das längste Stück der für die Hochromantik so wichtigen Sammlung ist The Rime of the Ancyent Marinere[8]) (1797/98). Ein alter Matrose fühlt sich wie ein Beichtender gedrängt, wieder einmal einem Unbekannten in allen Einzelheiten seine Schuld darzustellen, die er während einer Schiffsreise in die Antarktis dadurch auf sich geladen hat, daß er aus

---

[5]) Th. Whistler (ed.), The Collected Poems of Coleridge, Ldn. 1954; M. Bishop (ed.), The Complete Poems of Coleridge, Ldn. 1954; K. Raine, Samuel Taylor Coleridge, Poems and Prose, Ldn. 1957; E. Logan, A Concordance to the Poetry of S. T. Coleridge, St. Mary/Ind. 1940.

[6]) Vgl. E. Stoll, Symbolism in Coleridge, PMLA 63 (1948), 214 ff.; M. Wiley, Coleridge and the Wheels of Intellect, PMLA 67 (1952), 101 ff.

[7]) F. Schulze, W. Wordsworth — S. T. Coleridge: Lyrical Ballads, Halle 1952.

[8]) B. Martin, The Ancient Mariner and the Authentic Narrative, Ldn. 1949; J. Purser, Interpretation of ‚The Ancient Mariner', RESt 8 (1957), 249 ff.

Übermut einen als Glücksbringer geltenden Albatros erschoß, wodurch unsägliches Leid entstand. Das Schiff blieb in wochenlanger Windstille liegen, nach der Begegnung mit einem Geisterschiff siechte die Mannschaft dahin, der alte Matrose sehnte seinen Tod herbei. Erst von dem Augenblick an, in dem er die am Schiffsrumpf befindlichen Schlammtiere segnete, konnte er wieder beten und Schlaf finden. Ein Wind kam auf und in geheimnisvoller Weise, wobei die Toten an Bord eine Rolle spielten, gelangte er in die Heimat zurück. Der zum Abschluß deutlich ausgesprochene Gedanke ist der des Fluchs über Menschen, die sich an Gottes liebenswerten Geschöpfen versündigen[9]).

Eine ähnliche Verbindung zwischen Magie und Wirklichkeit zeigt Coleridges zweite, aber unvollendet gebliebene große Ballade Christabel (1797/1800; publ. 1816), die ebenfalls eine Mischung von Naturschilderungen, Geisterspuk und Unwahrscheinlichkeiten darstellt. Christabel, die Tochter des Ritters Leoline, trifft um Mitternacht im Walde die entführte Geraldine, die Tochter eines mit ihrem Vater verfeindeten Ritters. Als Sir Leoline dieses Zusammentreffen für eine Versöhnung ausnutzen möchte, widersetzen sich ihm ein Hofsänger und Christabel, die das mit Geraldine verbundene Geheimnisvolle verspürt haben. Die eigenartige Stimmung wird durch eine an die altenglischen Langzeilen (vgl. I, 25) erinnernde Metrik unterstützt.

Die dritte große Dichtung Coleridges, Kubla Khan (publ. 1816), entstand 1797 nach einem ausklingenden Opiumrausch. In 54 Versen wurden mehrere durch die Lektüre eines Buches von Samuel Purchas (c. 1575—1626) angeregte Bilder wie aus einer Vision so gestaltet, daß eine verstandesmäßige Erfassung nicht möglich ist. Sie war sicherlich auch nicht beabsichtigt, und es bleibt sogar trotz gegenteiliger Behauptung die Frage offen, ob der Dichter, der hier einmal wunschgemäß ganz aus dem Gefühl heraus komponierte, tatsächlich an eine Fortsetzung gedacht hat oder auch vorzunehmen in der Lage gewesen wäre[10]).

---

[9]) Vgl. W. Hübner, Stimmen der Meister, Bln. 1950, 312 ff.

[10]) Vgl. H. Oppel, Coleridges ‚Kubla Khan', DNSpr. 1952, 101 ff.; E. Schneider, Coleridge, Opium and ‚Kubla Khan', Ldn. 1953.

Kurz nachdem dieses höchst romantische Gebilde niedergeschrieben war, verfaßte Coleridge noch ein paar gute Gedichte, darunter Frost at Midnight (1798), das in Blankversen Jugenderinnerungen wiedergibt und den Wunsch ausspricht, auch sein Kind möge in der Natur etwas von der Ewigkeit verspüren, und France: An Ode (1798), die trotz aller Enttäuschungen den unerschütterlichen Glauben an die Freiheit zum Ausdruck bringt. Mit Dejection: An Ode (1802), einer Klage über den Verlust der ‚Imagination' (vgl. S. 54), endete die fruchtbare Schaffensperiode seiner Versdichtungen. Was er später neben seiner Prosa (vgl. S. 75) und neben seinen dramatischen Versuchen (vgl. S. 79 f.) an Lyrik schrieb, ist unbedeutend.

Im Gegensatz zu Coleridge verzichtete William Wordsworth[11]) (1770—1850) auf das Übersinnliche und Phantastische und wandte sich ganz der Natur[12]) zu, der er sich schon als verschlossenes Kind und frühe Waise intensiv hingegeben hatte. In Goslar wurde er sich 1798/99 seiner dichterischen Mission voll bewußt, ließ sich mit seiner Schwester Dorothy in Grasmere (‚Lake District') nieder, heiratete 1802 deren Freundin Mary Hutchinson, nachdem er die Beziehungen zu der Französin Annette Vallon und seinem Töchterchen aufgegeben hatte, wurde 1813 ‚distributor of stamps' und 1843 ‚Poet Laureate'.

Seine ersten der Frühromantik angehörigen Gedichte[13]) lassen seine Reifung zum schöpferischen Lyriker eigenen Stils deutlich erkennen. An Evening Walk (1787/89; publ. 1793), eine Reihe von Bildern aus dem ‚Lake District', fußt noch stark auf den Beschreibungen anderer. Die Descriptive Sketches (1791/93) sind eine

---

11) J. Logans, Wordsworthian Criticism, Columbus/O. 1947; M. Spark, Tribute to Wordsworth, Ldn. 1950, 129 ff.; H. Darbishire, The Poet Wordsworth, Oxf. 1950; H. Margoliouth, Wordsworth and Coleridge, Ldn. (Home Univ. Libr.) 1953; J. Smith, A Study of Wordsworth, Ldn. 1955; F. Bateson, Wordsworth: A Re-Interpretation, Ldn. ²1956; M. Moorman, William Wordsworth, The Early Years 1770—1803, Oxf. 1957; B. Schneider, Wordsworth's Cambridge Education, Cbr. 1957.

12) W. Merchant, Wordsworth and the Doctrine of Nature, DNSpr. 1953, 190 ff.

13) E. De Selincourt & H. Darbishire (ed.), The Poetical Works of William Wordsworth, 4 Bde., Ldn. ²1954.

Mischung von Reiseeindrücken aus der Schweiz mit Geschichte, Landschaftsbeschreibungen und moralischen Nutzanwendungen. In Guilt and Sorrow (1791/94), der Verserzählung in Spenserstrophen über eine hilflose Kriegerwitwe, machte sich Wordsworth zum Sprecher der Armen und Ausgestoßenen.

Am Anfang seiner dichterisch fruchtbarsten Periode von 1798 bis 1809 stehen die mit Coleridge zusammen veröffentlichten (vgl. S. 51) Lyrical Ballads[14]) (1798), deren ‚Preface' von 1800, überspitzt und selbst nicht vom Autor immer befolgt, die Grundsätze des Neuen im Vergleich zu der bis dahin üblichen Dichtung darlegte. Gegenstand der Poesie müsse das einfache, mit der Natur eng verbundene Leben sein, in dem sich noch die Elementargefühle äußern. Die dichterische Sprache dürfe sich nicht wesentlich von der des Alltags unterscheiden und stehe mit ihrer Schlichtheit im Gegensatz zu der gekünstelten, unnatürlichen Sprechweise der Klassizisten, denen damit eine gründliche Absage erteilt wurde. Nur die Bindung zu Versen hebe die wahre Dichtung aus dem Bereich der Prosa heraus. In der Vorrede zur Auflage von 1815 trat noch eine Erörterung über die ‚Imagination' hinzu, die für die Romantiker entscheidend war. Während ‚Fancy' (Phantasie) die Fähigkeit bedeute, Wahrgenommenes festzuhalten und nachzubilden, sei ‚Imagination' (Einbildungskraft) das seelische Vermögen, das aus Gefühl und Intuition Entstandene zu neuen Bildern zu gestalten. Hierin liege dann das eigentlich Schöpferische, das letzte Erkenntnisse vermittle und zu der höchsten „Idee" des Einklangs von der das Göttliche offenbarenden Natur und dem Menschenschicksal führe[15]).

Aus dieser Schau und gleichzeitig zur Belehrung verfaßte Wordsworth 20 Stücke der Lyrical Ballads (1798) und seine Poems in Two Volumes (1807).

---

[14]) W. Owen, Wordsworth's Preface to Lyrical Ballads, ‚Anglistica' 9, Kopenhagen 1957.

[15]) J. Bullitt & W. Bate, The Distinction between Fancy and Imagination in Eighteenth-Century English Criticism, MLN 60 (1945), 6 ff.; W. Kennedy, The Engl. Heritage of Coleridge of Bristol, New Haven 1947; C. Bowra, The Romantic Imagination, Cbr. 1949; J. Jones, The Egotistical Sublime; A History of Wordsworth's Imagination, Ldn. 1954.

Einige entsprechen genau seinen theoretischen Forderungen, etwa We are Seven (1798), in dem ein Kind seine engen Beziehungen zu den verstorbenen Geschwistern zum Ausdruck bringt, The Solitary Reaper (1807) und The Daffodils (1807), wo ein schlichtes Lied bzw. wogende Narzissen den Dichter anregen, seine Gedanken so weit in die Ferne schweifen zu lassen, daß er letzte große Zusammenhänge im Kosmos spürt und in frohe Stimmung versetzt wird. In einer Reihe von Gedichten — etwa To the Cuckoo (1807) und To the Daisy (1807) — sind kleinste Dinge Anlaß für das Gefühl der Naturverbundenheit. In Lines written in Early Spring (1798) ist Wordsworth darüber erschüttert, "what man has made of man" und in The Tables Turned (1798) möchte er die Menschen von den Büchern fort in die Natur führen. Die Lines Composed a Few Miles above Tintern Abbey (1798) enthüllen zum Abschluß der „Lyrischen Balladen" die Stufen seines Naturerlebens: einfachste Sinneseindrücke in der Jugend, Erkenntnis der „Lehrmeisterin" Natur und schließlich durch die ‚Imagination' seelische Einheit mit der Natur und deshalb unmittelbare Berührung mit den schöpferischen Kräften des Weltalls[16]).

In ausführlicherer Weise beabsichtigte Wordsworth seinen Werdegang in einem dreiteiligen Epos — The Recluse — darzustellen, von dem nur die sehr beachtenswerten, in Blankversen geschriebenen Teile The Prelude (1798/1805) und The Excursion (1802; publ. 1814) fertig wurden.

Daß sich Wordsworth nicht immer an das Programm der ‚Preface' hielt, beweisen z. B. seine Ode to Duty (1807), die dazu auffordert, aus eigener Kraft das Gute erkennen und tun zu wollen, und die gedankenreichen Intimations of Immortality (1802/06), deren Hauptthema die Präexistenz und das Weiterleben der Seele ist. Auch eine Reihe seiner mehr als 400 Sonette,

16) H. Viebrock, „Einsehen" und „Einfühlen" in der engl. Romantik, DNSpr. 1952, 361 ff.; J. Baird, Wordsworth's ‚Inscrutable Workmanship' and the Emblems of Reality, PMLA 68 (1953), 444 ff.; W. Merchant, Wordsworth and Gothic Taste, DNSpr. 1954, 152 ff.

die schon in der Form gekünstelt sind, widerspricht seiner Theorie.

Trotz heftiger Kritik vieler Zeitgenossen ist der Einfluß des nach Erkenntnis hinter den Erscheinungen suchenden größten Naturdichters Wordsworth bis in die Gegenwart sehr groß gewesen.

Im Vergleich zu ihm und auch zu Coleridge erscheint das dichterische Werk des dritten ‚Lake Poet', Robert Southey[17]) (1774—1843), trotz des großen Umfangs viel schwächer. Als Kind las er alle Märchen, die er auftreiben konnte, als Schüler und Student lehnte er sich gegen die bestehenden Ordnungen in Schule und Universität auf, als junger Mann beabsichtigte er mit Coleridge und dem unbedeutenden Dichter Robert Lovell den früher erwähnten utopischen Staat (‚Pantisocracy') in Amerika (vgl. S. 51) zu gründen, verheiratete sich heimlich, bevor sein Onkel ihn für ein halbes Jahr nach Portugal mitnahm, ließ sich 1803 im ‚Lake District' nieder, wurde 1813 ‚Poet Laureate' und starb nach vielen leidvollen Jahren in geistiger Umnachtung.

Seine Hauptschaffensperiode drängte sich auf nur drei Jugendjahre (1797 bis 1799) zusammen. Den größten Teil der während dieser Zeit verfaßten Gedichte bilden seine in volkstümlichem Ton gehaltenen Balladen, für die das Schreckhafte und Groteske charakteristisch sind. The Battle of Blenheim (1798) z. B. beginnt mit dem Fund eines Schädels, den ‚Old Kaspar' zum Anlaß nimmt, zwei Kindern die Bedeutung einer „wichtigen" Schlacht zu erklären. Der Versuch scheitert jedoch an dem unverbildeten Empfinden der kleinen Zuhörer. Neben dieser Ballade wurde The Inchcape Rock (1802) besonders geschätzt, die die todbringenden Gefahren eines vom Wasser bespülten Felsens veranschaulicht.

Southeys zeitgenössischer Ruhm lag auf vier epenartigen Verserzählungen, bei denen der orientalische Prunk, die Freiheitsbegeisterung und das Phantasievolle eine große Rolle spielen. Thalaba, the Destroyer (1801) ist von den Göttern ausersehen, eine Anzahl unter dem Meeresgrunde wohnende Magier der Hölle zu ver-

[17]) M. Elwin, The First Romantics, Ldn. 1947; J. Simmons, Southey, Ldn. 1945; R. Macaulay, They went to Portugal, Ldn. 1946.

nichten. Diesen Auftrag kann er mit Hilfe eines Zauberrings erst nach vielen abenteuerlichen Jahren unter Verlust seines Lebens erfüllen. Madoc (1805) erzählt die sagenhafte Geschichte des gleichnamigen keltischen Fürsten von Wales aus dem 12. Jh., der durch seinen herrschsüchtigen Bruder David zur Auswanderung nach Amerika getrieben wurde, hier ein großes Reich eroberte und viele Abenteuer mit Indianern[18]) erlebte, die zum Glück für ihn durch einen Vulkanausbruch umkamen. The Curse of Kehama (1810) führt in die indische Sagenwelt.. Der Fluch richtet sich gegen einen Bauern, der Kehamas Sohn wegen der Vergewaltigung seiner Tochter erschlug. Der Bauer kann von seinem ruhelosen Leben erst erlöst werden, als Kehama durch sein Machtstreben bei den Göttern in Ungnade fällt und vernichtet wird. Am besten gelungen ist Roderick, the Last of the Goths (1814). König Roderich entführt die Tochter des Grafen Julian, der aus Rache die Mauren nach Spanien ruft. Nachdem Roderich seine Tat bereut und die Ungläubigen besiegt hat, lebt er bis zum Tode als Einsiedler.

Southeys Verdienst als Dichter lag in der Einbeziehung exotischer Stoffe in die Hochromantik, wenn es ihm auch an schöpferischen Kräften fehlte, die orientalische Pracht und Sinnesfreude einzufangen und lebendig zu gestalten. Als Prosaschriftsteller übertraf er Coleridge und Wordsworth.

3. Die jüngere Generation

Während die ‚Lake Poets' lange genug lebten, um die Wirkung ihrer Dichtungen verfolgen zu können, wuchs eine zweite Generation von Romantikern heran — Byron, Shelley und Keats —, die meteorhaft durch beste Kunstwerke „aufleuchteten" und dann einen plötzlichen Tod fanden. Gemeinsam war ihnen die revolutionäre Abkehr von der engen nationalen Haltung zu einem europäischen oder allgemeingültigen Menschenideal. Im übrigen zeigten auch sie individuell sehr verschiedene Eigenschaften.

18) J. de Sousa-Leao, Southey and Brazil, MLR 38 (1943), 181 ff.; S. Liljegren, The Noble Savage in Brazil, ‚Mélanges de Phil. Romane' 1952, 316 ff.

George Gordon Lord Byron[19]) (1788—1824) schuf alle Dichtungen in engstem Zusammenhang mit den Ereignissen seines bewegten Lebens. Er war von Stolz erfüllt auf seine bis zu Wilhelm dem Eroberer zurückgehende Ahnenreihe und erhielt die Pairwürde, die mit dem von einem Großonkel geerbten Besitz Newstead Abbey (bei Nottingham) verbunden war. Durch eine bigotte Amme und durch seine hysterische Mutter, die zweite Frau seines verschuldeten und 1791 in Frankreich verstorbenen Vaters, wuchs er zu einem ganz unbeherrschten Jüngling heran, der auch unerlaubte Beziehungen zu seiner Stiefschwester unterhielt, so daß die 1815 mit Anne Milbanke eingegangene Ehe nach der Geburt einer Tochter wieder geschieden wurde[20]). Von der englischen Gesellschaft geächtet, reiste er 1816 als Vereinsamter und Schwermütiger in die Schweiz[21]), wo er Shelleys Freundschaft gewann (vgl. S. 61), und nach Italien, das er bereits auf einer zweijährigen Mittelmeerreise (1809 bis 1811) schätzen gelernt hatte. In Venedig erlangte er nach der Bekanntschaft mit einer verheirateten Gräfin wieder Lebensfreude. Von 1819 bis 1821 hielt er sich in Ravenna auf, siedelte dann nach Pisa zu Shelley über, mußte aber 1823 aus politischen Gründen Italien verlassen. Er fuhr mit gekauftem Kriegsmaterial nach Missolunghi, um den Griechen in ihrem Freiheitskampf gegen die Türken zu helfen[22]), starb aber kurz nach seiner Landung an Malaria.

Der ihm von Natur eigene schwermütige Ton findet sich bereits in seinen Hours of Idleness (1807), einem Gemisch von Übersetzungen, Nachahmungen und Gelegenheitsgedichten, die z. T. bis in seine Schulzeit zurückreichen. Die heftige Kritik in der ‚Edinburgh Review' beantwortete er mit scharfem Witz in English Bards and Scotch Reviewers (1809) gegen eine Reihe von Schriftstellern und Dichtern, darunter den ‚Lake Poets'.

---

19) L. Marchand, Byron; A Biography, 3 Bde., Ldn. 1958.
20) G. Knight, Lord Byron's Marriage, Ldn. 1957.
21) G. Hough, Two Exiles: Lord Byron and D. H. Lawrence, Ldn. 1956.
22) S. Liljegren, Lord Byron and Greece, ‚Revue de Littérature Comparée' 1958, 66 ff.; ders., Lord Byron and the Romaic Language, Festschr. f. Dornseiff 1953, 228 ff.

Die bedeutendste literarische Frucht seiner Mittelmeerreise waren die in Spenserstrophen verfaßten Cantos I und II von Childe Harold's Pilgrimage (1812), durch die er, ohne es zu ahnen, sehr berühmt wurde. Der Grund dafür lag in der damals ansprechenden lebendigen und farbigen Darstellung persönlichster Gefühle und Gedanken des Dichters beim Abschied von England sowie bei den mit geschichtlichen, philosophischen und künstlerischen Betrachtungen verbundenen Schilderungen Spaniens, Griechenlands und Albaniens. Auch beeindruckte neben der freimütigen Aussprache des eigenen Ichs (Childe Harold = Byron) der flammende Aufruf zur Freiheit gegen Frankreich und die Türkei.

Ähnlich entstanden und gestaltet sind Byrons epische Verserzählungen. Auch sie knüpfen an Reiseerlebnisse im Mittelmeerraum an, sind voll von großartigen Landschaftsschilderungen und bringen eine entsagungsvolle, z. T. bis zum Weltschmerz gehende Stimmung zum Ausdruck. Die Personen treten jedoch mit eigenen Handlungen auf.

The Giaour (1813), ein junger Venetianer, befreit Leila, die Sklavin des Türken Hassan; dieser fängt sie aber wieder ein und ertränkt sie. Der Giaour tötet Hassan und stirbt im Kloster aus Reue über seine Schuld am Tode Leilas.

The Bride of Abydos (1813), Zuleika, entflieht mit dem Christen Selim. Beide werden vom Pascha wieder eingefangen. Selim fällt im Kampf, Zuleika stirbt vor Entsetzen.

In The Corsair (1814) läßt Conrad seine Geliebte Medora gegen ihre Bitten auf einer Felseninsel zurück und zieht gegen den Pascha Seyd, dem es aber gelingt, ihn gefangen zu nehmen. Als er hingerichtet werden soll, tötet eine Sklavin den Pascha und entflieht mit Conrad, weil dieser sie kurz vorher aus Lebensgefahr gerettet hatte. Medora starb inzwischen aus Schreck über die Nachricht von der bevorstehenden Hinrichtung Conrads.

Lara (1814) gilt als Fortsetzung. Erst beim Tode des gleichnamigen Helden stellt sich heraus, daß er — der „Korsar“ ? — mehrere Jahre hindurch ein Piratenleben geführt hat und daß sein Page eine verkleidete Frau — die Sklavin des Paschas Seyd? — war.

The Siege of Corinth (1816), ein Versepos mit historischem Hintergrunde, endet mit dem Tode zweier lange getrennten Liebenden, die sich gegenseitig unerfüllbare Forderungen stellten.

Diese Verserzählungen kamen dem Zeitbedürfnis dadurch nach, daß sie Elemente des Schauerromans (vgl. S. 37 ff.) dichterisch verarbeiteten, die Schwärmerei für das Exotische befriedigten, vor allem aber die persönlichen Gefühle der Zerrissenheit und Enttäuschungen des Dichters sowie dessen Aufbegehren gegen die Zeitumstände leidenschaftlich darstellten. Alle Hauptfiguren sind außerhalb der Gesellschaft stehende Übermenschen, die als Gejagte und Geächtete zugrunde gehen.

In Italien begann dann ein wesentlich anderer Abschnitt von Byrons künstlerischem Schaffen. Er schrieb die Cantos III und IV von Childe Harold's Pilgrimage (1816 u. 1818) und brachte in ihnen — angeregt durch den Rhein, durch die großartige Alpenlandschaft der Schweiz und durch die Kunstwerke in Italien — neben den kraftvollen Schilderungen der erhabenen Landschaften und des Volkslebens seine Ansage des Kampfes gegen die Gesellschaft zum Ausdruck, die ihn verstoßen hatte. An die Stelle des aus Schuldgefühl entstandenen Weltschmerzes in den ersten beiden Cantos war bitterer, titanenhafter Trotz getreten.

Von dem Durchbruch zu dieser neuen Schau zeugen neben ein paar kleineren Gedichten vor allem seine von 1817 an entstandenen Lesedramen (vgl. S. 80), aber auch sein unvollendet gebliebenes komisch-satirisches Epos Don Juan[23]) (1812/21; publ. 1819 u. 1823/24). In dieser seit Spensers „Feenkönigin" (II, 50 f.) umfangreichsten Dichtung gibt Byron im Zusammenhang mit zahlreichen Abenteuern und Liebesgeschichten eine kritische Weltschau. Im Gegensatz zu dem am Anfang seines Ruhms stehenden lebensmüden „Junker Harold" beendete der zu seiner Zeit einflußreichste Dichter sein fruchtbares Schaffen mit einem lebensfreudigen „Don Juan", der sich an den Narrheiten der Welt belustigt, aber auch von ihnen schmerzlich berührt wird.

---

23) F. Steffen & W. Prak, Byron's ‚Don Juan', 4 Bde., Edinb. 1958; E. Boyd, Byron's ‚Don Juan', New Brunswick 1945.

Während für Byron das sehr auf das Ich gerichtete Handeln und Dichten Hand in Hand gingen, trat bei Percy Bysshe Shelley[24]) (1792—1822) das leidenschaftliche Empfinden betont hervor und machte auch seinen Lebenslauf äußerst bewegt. Als feinnerviger Sohn eines Baronet, von dem er sich früh trennte, bäumte er sich gegen jede Art von Bedrückung auf und mußte die Schule und 1811 die Universität verlassen, und zwar diese wegen seiner Schrift über den Atheismus. Kurz danach entführte und heiratete er übereilt die 16jährige Tochter eines reichen Gastwirts, verließ sie aber wieder, nachdem er die Tochter William Godwins (vgl. S. 48) kennengelernt hatte. Auf seiner ersten Italienreise freundete er sich mit dem geächteten Byron an, zu dem er mit seiner zweiten Frau 1818 zurückkehrte, nachdem auch er (wegen „Irreligiosität und Unmoral") von der englischen Gesellschaft ausgestoßen worden war. Auf einer Segeltour im Golf von Spezia fand Shelley einen frühen Tod.

Schon aus seinem ersten längeren Gedicht Queen Mab (1813), das er bereits als 18jähriger begonnen haben soll, spricht sein Sehnen nach einer von Selbstsucht und Tyrannei freien neuen Gemeinschaft. Die „Feenkönigin" belehrt die träumende Janthe über das Wesen des ursprünglich reinen Weltgeistes, der durch das Werk der Menschen — die Kultur — befleckt worden ist[25]).

Was hier noch recht verschwommen war, wurde in seinem aus tiefer Melancholie hervorgegangenen zweiten Werk Alastor, or The Spirit of Solitude (1815; publ. 1816) klar: ein Dichter wird von einem Dämon durch die Welt gejagt in der Hoffnung, die in Träumen ersehnte Verkörperung der geistigen Schönheit, die allein dem Leben Sinn und Wert gibt, zu finden.

Von dieser Schönheit und von der Liebe immer wieder zu künden, ist die Aufgabe des Dichters, wenn es auch nur „Augenblicke des Entzückens" gibt, die Abbilder der göttlichen „Ideen" sind, wie es beispielhaft in der Hymn to Intellectual Beauty (1816) angedeu-

---

24) N. White, Portrait of Shelley, N. Y. 1945; E. Blunden, Shelley, Ldn. 1946; G. Kirchner, Percy Bysshe Shelley als revolutionärer Dichter, Iserlohn 1948; A. Hughes, The Nascent Mind of Shelley, Oxf. 1947.

25) W. Clemen, Shelley's Geisterwelt, Frankfurt 1948.

tet und in dem längeren Versepos Laon and Cythna (1817) — in der zweiten Auflage The Revolt of Islam (1818) genannt — ausgeführt ist an der mit viel Wunderbarem verbundenen Geschichte der Befreiung einer Stadt von der Tyrannei durch Laon und der Errichtung eines durch Liebe beherrschten Gemeinwesens, in dem der Frau eine bedeutende Rolle zugesprochen wird.

Auch während seiner Schaffensperiode in Italien wurde er von der Leidenschaft getrieben, die Welt, mit deren Not er sich eingehend beschäftigte, zu reformieren. Neben dem Loblied auf die Liebe als Sinngeberin des Lebens in Rosalind and Helen (1818; publ. 1819) schrieb er unter dem Titel Julian and Maddalo (1818) seine geistvollen Dialoge mit Byron, in denen er sein eigenes Denken und Dichten treffend charakterisiert.

An größeren lyrischen Werken entstanden drei Jahre später Epipsychidion (1821), das an der ins Kloster geschickten Emilia Viviani das Ideal des Wahren, Schönen und Liebenswerten besingt, und Adonais (1821), die 55 Spenserstrophen umfassende Totenklage auf Keats (vgl. S. 63 ff.), aus der Shelleys pantheistischer Unsterblichkeitsglaube spricht, d. h. die Überzeugung, daß der Geist des Verstorbenen als unzerstörbar in die kosmische All-Einheit eingegangen ist[26]).

Daneben erschienen laufend mit z. T. an Wordsworth erinnernden schlichten Überschriften kleinere Gedichte, von denen einige zu den schönsten lyrischen Stücken der englischen Literatur gehören[27]). In der Ode to the West Wind (1819; publ. 1820) wird der Wind zugleich als Zerstörer und Erhalter gesehen und dargestellt, wie er überall — in vergeistigtem Sinne auch im eigenen Herzen und an der ganzen Menschheit — seine Wirkungen tut und zu der plötzlichen Erkenntnis einer das All beseelenden Idee führt. The Cloud (1820) ist ebenfalls nur Symbol für das in dauerndem Wechsel befindliche Sein. Die Ode To a Skylark (1820) beschreibt, wie eine aufsteigende Lerche die ‚Imagination' des Dich-

[26]) J. Barrell, Shelley and the Thought of His Time, New Haven 1947; N. Rogers, Shelley at Work, Oxf. 1956.

[27]) W. Clemen, Shelley's ‚Ode to the West Wind', A 69 (1950), 335 ff.

ters anregt, die Erdenschwere zu vergessen, in der Höhe das Ewige zu schauen und davon freudig zu künden. Hier — wie in anderen Stücken Shelleys — werden in der Sprache die Bilder aus den optischen und akustischen Bereichen in synästhetischer Weise vermischt.

Den höchsten poetischen Ausdruck fand Shelleys Glauben an ein Zeitalter edelster Menschlichkeit schließlich in einem lyrischen Drama (vgl. S. 81).

Der dichterisch Begabteste war der mit Shelley befreundete John Keats[28]) (1795—1821), der Sohn eines Pferde- und Wagenverleihers, der Apotheker lernte, den Beruf wegen ererbter Schwindsucht jedoch nicht ausüben konnte, durch Freunde zur Dichtkunst ermuntert, von seiner Verlobten Fanny Brawne und deren Mutter gepflegt wurde und früh in Italien, das er 1820 wegen seines Lungenleidens aufgesucht hatte, starb.

Während seine ersten Poems[29]) (1813 ff.; publ. 1817) unter dem Einfluß von Spenser entstanden, fühlte Keats, der die griechische Sprache nie gelernt hatte, sich durch Übersetzungen zur Antike mit ihrem Sinn für das Schöne hingezogen[30]). Diese Tatsache bezeugte er bereits in dem Gedicht On First looking into Chapman's Homer (1816). In den Eingangsversen von Sleep and Poetry (1817) gab er sich ganz der Natur hin, die er mit Faunen, Dryaden und anderen Wesen der griechischen Mythologie bevölkert sah und in allen Einzelheiten in einfacher, an Wordsworth erinnernde Sprache beschrieb. Bei dieser Hingabe an das Gegenständliche verblieb er dann im Gegensatz zu den ‚Lake Poets', denen er vorwarf, das Wahrgenommene durch Denken noch deuten zu wollen. Das allegorische Gedicht Endymion[31]) (1818) spricht die Überzeugung aus, daß Liebe und Schönheit, die einst zusammenhingen, dann aber auseinanderfielen, nun-

---

[28]) G. Ford, Keats and the Victorians, New Haven 1944; J. Murry, Keats, Ldn. 1955; R. Gittings, John Keats: The Living Year, Ldn. 1954.

[29]) H. Garrod, John Keats: The Poetical Works, Oxf. 1956; E. Blunden, J. Keats: Selected Poems, Ldn. 1955; N. Carrington, John Keats, Chosen Poems, Ldn. 1956.

[30]) Lord Gorell. John Keats: The Principle of Beauty, Ldn. 1948.

[31]) E. Le Comte, Endymion in England, N.Y. 1944; N. Ford, Endymion — A Neo-Platonic Allegory?, JELH 14 (1947), 64 ff.

mehr wieder verschmelzen werden, wie es bei der Mondgöttin Cynthia der Fall sei.

Bei dieser Grundhaltung verzichtete Keats hin und wieder auch nicht auf Szenen, die erschrecken konnten. Isabella, or The Pot of Basil (1818) berichtet zunächst von dem Mord an Isabellas Geliebten und von der Aufbewahrung des Totenschädels in einem Basilientopf. Überstrahlt wird alles aber von der bis weit über den Tod hinausgehenden Liebe. Das Fragment Hyperion (1818/19) erzählt den furchtbaren Kampf des Lichtgotts Apoll gegen den letzten Titanen, um darzutun, daß sich das Schöne auf dem Wege über den Schmerz letzten Endes immer durchringt.

In der Ode on a Grecian Urn[32]) (1819; publ. 1820) gelangte der Dichter beim Betrachten eines Reliefs zu der Erkenntnis, daß nicht das Leben, sondern nur die Kunst in der Lage sei, im Schönen das Werden für immer festzuhalten: "beauty is truth, truth beauty". Zu diesem Werden gehört auch das nicht immer Faßbare, Schemen- oder Traumhafte. Die Romanze The Eve of St. Agnes (1819) geht von geheimnisvollem Volksglauben aus, der an dem Liebespaar Magdalene-Porphyro in der Spukatmosphäre einer eisigen Nacht Erfüllung findet. In der Ballade La Belle Dame sans Merci (1819; publ. 1820) zieht eine erbarmungslose Fee einen Ritter in ihren Bann und tötet ihn wie alle früheren mit einem Kuß. Die peinigende Gewalt der Geliebten ist auch das Thema in der Verserzählung Lamia (1819; publ. 1820). Hier wird der Geliebte in der Hochzeitsnacht durch eine Schlange in Jungfrauengestalt umgebracht.

Während die Lerche bei Shelley Freude auslöste, wurde Keats durch die Nachtigall in Ode to a Nightingale[33]) (1819; publ. 1820) zunächst von Melancholie erfüllt, dann aber von einem Gefühl für die Liebe und für das Schöne ergriffen. Die Melancholie scheint hier aus dem Gedanken an die Vergänglichkeit zu kommen; in der Ode on Melancholy (1819; publ. 1820) ent-

[32]) J. Wigod, Keat's Ideal in the ,Ode on a Grecian Urn', PMLA 72 (1957), 113 ff.

[33]) R. Fogle, A Note on the ,Ode to a Nightingale', MLQ 8 (1947), 81 ff.; ders., Keats's ,Ode to a Nightingale', PMLA 68 (1953), 211 ff.

steht sie aus dem Bewußtsein, daß Schönheit enden könnte. In seiner Ode To Autumn (1819; publ. 1820) wandte er sich schließlich noch einmal ganz der Fülle des Herbstes zu, der hier als letzte „Erfüllung" der Natur in sorgsam gewählten Wortkombinationen geschildert wird.

Keats selbst mußte vor der eigenen Erfüllung seines Lebens schon als 26jähriger sterben. Dennoch hat er durch seine Hingabe an die Natur ohne mystischen oder philosophischen Einschlag, durch seine Leidenschaft für das Schöne — also durch seinen „ästhetischen Sensualismus" — und durch seine Wortkunst[34]) den stärksten Einfluß auf die Nachwelt ausgeübt[35]).

4. Die kleineren Dichter

Neben den großen romantischen Dichtern gab es eine lange Reihe kleinerer Talente, die dazu beitrugen, die Romantik zu einer von 1795 bis 1825 vorherrschenden literarischen Richtung zu gestalten. Sie brachten nichts wesentlich Neues, sondern griffen ihren Eigenarten entsprechend das eine oder andere von dem auf, was ihnen von den individuell so verschiedenen Großen geboten wurde, und gestalteten es um oder aus.

Der nennenswerteste unter diesen war der in Dublin geborene, vielseitige und sehr musikalisch begabte Thomas Moore[36]) (1779—1852). Am populärsten wurde er durch seine laufend erscheinenden Irish Melodies (1807/34). In der Art von Burns (vgl. S. 27 f.) unterlegte er alten irischen Melodien andere Texte und versuchte dadurch, neue Volkslieder für Irland zu schaffen. Der Erfolg war nicht der gleiche, wie Burns ihn für Schottland erreichte. Am meisten sprachen die Freiheitslieder (z. B. Robert Emmet und The Harp) und 'Tis the Last Rose of Summer (1807; publ. 1808) an. Ruhm brachten ihm noch vier durch Prosa verbundene Verserzählungen unter dem Gesamttitel Lalla Rookh (1817) ein. Obgleich Moore nie im Orient ge-

34) W. Bate, The Stylistic Development of Keats, Ldn. 1945; St. de Ullmann, Romanticism and Synasthesia, PMLA 60 (1945), 811 ff.; E. Pettet, On the Poetry of Keats, Cbr. 1957.

35) J. MacGillivrey, Keats. A Bibliography and Reference Guide ..., Toronto 1949.

36) H. Brogan, Thomas Moore, PhQ 24 (1945), 255 ff.

wesen war, übertraf er Coleridge und Southey in den großartigen Schilderungen orientalischer Natur. In der besten Geschichte — The Paradise and the Peri — wird berichtet, wie eine Fee erst dann wieder ins Paradies zurückkehren darf, wenn sie auf der Erde das dem Himmel Liebste aufgefunden hat. Das sind weder die letzten Blutstropfen eines für sein Vaterland sterbenden Kriegers, noch die letzten Seufzer eines sich für den pestkranken Geliebten aufopfernden Mädchens, sondern die Tränen eines durch ein betendes Kind zur Reue veranlaßten Schurken.

Wie Moore, so pflegte auch der „Schäfer vom Ettricktal" (in Selkirkshire) James Hogg[37]) (1770—1835) das Volkstümliche. Von Kindheit an sammelte er alte Dichtungen, wurde dabei 1802 mit Scott (vgl. S. 69 ff.) bekannt und versuchte sich selbst in der Art von Burns an einfachen Gedichten und Balladen, die er hauptsächlich als The Mountain Bard (1807) veröffentlichte. Daneben kam er dem Zeitbedürfnis durch einen Kreis von Verserzählungen in The Queen's Wake (1813) nach, in denen ein Sängerwettstreit vor Maria Stuart ausgetragen wird. Besonders gut gelang ihm die Beschreibung von Elfen und geheimnisvollen Dingen, die im Halbdunkel wahrgenommen und nur halb verstanden werden können.

In zarter Art — an die Natur Cowpers (vgl. S. 24 f.) ererinnernd — schrieb John Clare[38]) (1793—1864) gegen Ende der Romantik und später noch seine einst sehr populären Gedichte über das Bauernleben, von denen Poems Descriptive of Rural Life and Scenery (1820) und The Shepherd's Calendar (1827) genannt sein mögen.

Eine kleine Gruppe von Dichtern knüpfte in den 20er Jahren an die ihnen geistesverwandt scheinenden Elisabethaner an (II, 48 ff.). Dazu gehörten vor allem George Darley (1795—1846) mit seinen Hauptgedichtsammlungen The Errors of Ecstasie (1822) und Labours of Idleness (1826) und ebenso Thomas L. Bed-

37) A. Strout, The Life and Letters of James Hogg, Lubbock/Tex. 1947.

38) J. Tibble & A. Tibble, John Clare: His Life and Poetry, Ldn. 1956.

does[39]) (1803—49) mit The Improvisatore (1821), wo hin und wieder etwas von Shelleys Melancholie anklingt.

Als gelehriger Schüler der meisten großen Romantiker gilt John H. Reynolds (1794—1852). In The Eden of the Imagination (1814) analysierte er sich selbst. Safie (1814) ist eine orientalische Geschichte im Stile Byrons. The Garden of Florence (1821) ähnelt der Isabellageschichte von Keats (vgl. S. 64).

Von den Frauen, die sich an der romantischen Dichtung maßgeblich beteiligten, ohne daß es zu besonderen künstlerischen Leistungen kam, ist in erster Linie Filicia D. Hemans (1793—1835) zu nennen, die bereits als 14jährige zu dichten begann und später bei ihren Zeitgenossen als sehr vielseitige Autorin von lyrischen, erzählenden, dramatischen und besinnlichen Versdichtungen galt.

Zum Schluß dieses Abschnitts müssen wenigstens noch zwei Autoren erwähnt werden, deren Hauptleistungen zwar in der Prosa lagen, die aber auch mit guten Versdichtungen hervortragen. Leigh Hunt (1784—1859) verfaßte zahlreiche Sonette und romantische Gedichte, wurde aber bedeutungsvoller durch seine Übersetzungen aus dem Italienischen, die vor allem dazu beitrugen, Dante in England wiederzuerwecken. The Story of Rimini (1816), ist ein in aufgelockerten Reimpaaren verfaßtes Epos nach dem Vorbild von Dantes „Paolo und Francesca". Sir Walter Scott (vgl. S. 69 ff.) begann seine für die Literaturgeschichte wichtige Laufbahn mit dem Sammeln alter Balladen, die er in der Art Percys (vgl. S. 22) als The Minstrelsy of the Scottish Border (1802/03) in drei Bänden veröffentlichte. Seine zweite Schaffensperiode (1805 bis 1814) widmete er einigen kurzen Verserzählungen, von denen The Lay of the Last Minstrel (1805) mit einer Grenzerfehde als Hintergrund, Marmion (1808) mit den farbigen und meisterhaft dargestellten Kriegsszenen aus der schottischen Geschichte und The Lady of the Lake (1810) mit der Episode vom vereirrten König Jakob V. und der ihn beherbergenden Tochter eines Geächteten die bekanntesten sind.

---

[39]) H. Donner, Plays and Poems of Thomas Lovell Beddoes, Ldn. 1950.

B. Die Prosa

Wenngleich die Versdichtung in der Romantik im Vordergrunde stand, so kam doch auch der Prosa insofern eine wichtige Rolle zu, als sich in ihr alle damaligen Dichter betätigten und als sich ferner zwei Prosagattungen — der historische Roman und der Essay — zu Höhepunkten entwickelten. Daneben trieb sie noch einige andere Blüten.

1. Der Roman

a) Die ‚Gothic Novels'

Auch während der Hochromantik erfreuten sich die in der zweiten Hälfte des 18. Jhs. entstandenen Schauer- und Schreckensgeschichten (vgl. S. 37 ff.) großer Beliebtheit, und es kamen laufend mehr hinzu, und zwar sowohl von schon bekannten Autoren, als auch von neuen, unter denen Matthew G. Lewis[1]) (1775—1818) mit seinem Ambrosio, or the Monk (1795) alles bis dahin in diesem Bereich Geleistete übertraf. Mit der Geschichte eines Dominikanerpriors verbinden sich bis ins einzelne gehende, erregende Schilderungen von gepeinigten Körpern, verfaulenden Leichen, Vergewaltigungen, Blutschande und Morden. Es war das Verdienst von Mary Wollstonecraft (1797—1851), der zweiten Frau Shelleys (vgl. S. 61), zu den alten, bis zu Degenerationserscheinungen abgenutzten Motiven neue eingeführt zu haben. In Frankenstein, or the Modern Prometheus (1818) schuf sie unter Einbeziehung naturwissenschaftlicher Erkenntnisse ein Ungeheuer, das über seinen Schöpfer die Herrschaft gewinnt und ihn in der Eiswüste zugrunde richtet. Auch Charles R. Maturin (1782—1824) fand etwas Neues in dem Motiv, vor den letzten Abgründen der menschlichen Seele erschauern zu lassen. Melmouth the Wanderer (1820), der dem Teufel seine Seele verschrieben hat, muß ewig umherwandern, weil es ihm nicht gelingen kann, jemand zu finden, der sich für ihn opfert.

---

1) W. Moss, M. G. Lewis and Mme. de Stael, ESts 34 (1953), 109 ff.

Der ‚Gothic Novel' kommt in dieser Zeit außer der Befriedigung eines großen Leserkreises noch die wichtige Bedeutung zu, zur Ausgestaltung des historischen Romans wesentlich beigetragen zu haben.

b) Der historische Roman

Der Hauptvertreter dieser Gattung war nach seiner bis 1814 reichenden Schaffensperiode (vgl. S. 67) Sir Walter Scott[2]) (1771—1832). Er stammte aus einem der vier großen schottischen ‚Clans', dessen geschichtliche Taten ihn mit Stolz erfüllten. Wegen einer Lähmung am rechten Bein, die nicht behoben werden konnte, verbrachte er lange Zeit bei seinen Großeltern auf dem Lande in der Nähe einer alten Burg, die ihn ebenso beeindruckte wie die früh gehörten Bauernlieder, Märchen und Sagen. In seiner juristischen Laufbahn, die er in Edinburgh begann, lernte er viele Menschenschicksale kennen. Als er 1812 einen gut bezahlten Posten erhielt, zog er auf das kleine Gut Abbotsford (bei Melrose), das er in mittelalterlichem Stil ausstattete. Hier widmete er sich hauptsächlich dichterischer Tätigkeit. Durch den Bankrott der Verleger, mit denen er heimlich zusammen gearbeitet hatte, geriet er in hohe Schulden, die er sich aus eigenen Kräften abzutragen verpflichtete. Infolgedessen war er überaus produktiv.

Scott wandte sich in dem Augenblick der Prosa zu, als ihm Byrons Überlegenheit in Verserzählungen bewußt wurde. Sein erster Roman erschien 1814 und gab den unter verschiedenen Titeln folgenden 26 den Gesamtnamen „Waverley Novels"[3]), weil sich alle trotz der verschiedenen Stoffe im Charakter ähnlich sind.

Auf Grund eigener Beobachtungen schilderte er seine schottische Heimat und die Alltagsverhältnisse der in ihr wohnenden einfachen Menschen, appellierte unaufdringlich an den Nationalstolz seiner Landsleute und verstand es andererseits, den Engländern ein sympathisches Bild von ihnen zu übermitteln. Während er die großen Helden

---

2) J. Corson, A Bibliography of Sir Walter Scott, Edinb. 1943; N. Pope-Hennessy, Sir Walter Scott, The Engl. Novelist, Ldn. 1948.

3) R. Mayo, The Chronology of the Waverley Novels, PMLA 63 (1948), 935 ff.

und Persönlichkeiten zurücktreten ließ, konnte er mit einer Fülle belangloser Nebenfiguren das historische Geschehen beweglicher — wenn auch nicht immer der geschichtlichen Wahrheit entsprechend — gestalten. Dem Zeitgeschmack kam Scott durch die von den ‚Gothic Novels' her bekannte und geschätzte Fülle der Handlungen und durch die Spannungen der Geschehnisse nach. Außerdem fesselte er durch eine ausgezeichnete Charakterisierungskunst, die er vom bürgerlichen realistischen Roman (vgl. S. 36 f.) gelernt hatte[4]).

In dem Erstlingswerk dieser Art, Waverley (= „Wankler"), knüpfte Scott an die noch von Augenzeugen berichteten Kämpfe, Siege und Niederlagen Karl Eduards und Georges II. an und konnte die Erlebnisse vom Hörensagen niederschreiben. Old Mortality (1816) stellt den Kampf des kompromißlosen schottischen Presbyterianismus gegen das englische Königtum Karls II. in den Mittelpunkt. The Heart of Mid-Lothian (1818) hat als geschichtlichen Hintergrund Begebenheiten eines Aufstandes von 1736 in Edinburgh. Die Haupthandlung dreht sich um die tapfere Jeanie Deans, die nach abenteuerlicher Fußwanderung bis London vom Hof Gnade für ihre wegen Kindesmordes zum Tode verurteilte Schwester erlangt. Ivanhoe (1819) führt erstmals auf englisches Gebiet und gibt auf Grund umfassender Studien ein großartig ausgelegtes Kulturbild der Zeit Richards I. und des tief gesunkenen Rittertums, wobei auch Robin Hood mit seinen Gefolgsleuten (vgl. I, 154) eine bedeutende Rolle spielt. Durch die besonders anschaulichen Trachten- und Sittenschilderungen und durch die altertümelnden Dialoge wurde das zeitlich Ferne einzufangen versucht. Ähnlich geschah es in Kenilworth (1821), wo im Zentrum Elisabeth I. und der von ihr bevorzugte Höfling Leicester stehen, der seine heimlich geschlossene Ehe mit Anny Robsart nicht eingestehen möchte. Den Höhepunkt bildet ein glänzendes Fest, das auch Ludwig Tieck zu einer Novelle reizte.

Da Scott von 1826 an unter der Last seiner Schulden

[4]) Ch. Fiske, Epic Suggestion in the Imagery of the Waverley Novels, New Haven 1940; P. Roberts, Sir Walter Scott's Contributions to the Engl. Vocabulary, PMLA 68 (1953), 189 ff.

schnell Neues veröffentlichen wollte, erreichten die seitdem geschriebenen Romane im allgemeinen nicht mehr die gleiche künstlerische Höhe mit Ausnahme von The Fair Maid of Perth (1828), wo an ein Ereignis aus dem Jahre 1396 angeknüpft wird, in dem je 30 Mann zweier ‚Clans' vor dem König zum Kampf antreten, um Streitigkeiten beizulegen. Keines seiner anderen späteren Werke (vgl. S. 89) ist aber ein Mißerfolg gewesen, und als die Romantik vor anderen Zeitströmungen bereits zum Erliegen kam, begeisterte die von Scott geschaffene Romangattung immer noch weite Kreise in ganz Europa. Angesichts seiner Meisterschaft fanden sich in Schottland oder England jedoch nur wenige Autoren, die sich auf dasselbe Gebiet wagten.

John Galt (1779—1839)[5]) übernahm zwar wichtige Anregungen von Scott, unterstrich aber in seinen schottischen Dorf- und Kleinstadtgeschichten das Schlechte und Häßliche. Annals of the Parish (1821) zeichnet Typen der hochgekommenen Industriellen in einer Pfarrei, The Entail (1823) berichtet ausführlich von einer Enterbung durch drei Generationen.

John G. Lockhardt (1794—1854) versuchte die Technik Scotts, seines Schwiegervaters, z. B. in Valerius (1821) auf dem Hintergrunde des alten Roms. Adam Blair (1822) stellt die Sühne eines calvinistischen Geistlichen für dessen Ehebruch dar, und The History of Matthew Wald (1824) ist die Geschichte eines vergeudeten Lebens.

Für England wäre als schwacher Vertreter des historischen Romans der schon als Balladensammler genannte James Hogg (vgl. S. 66) mit The Private Memoirs and Confessions of a Justified Sinner (1824) zu erwähnen. Hier rollt vor dem Hintergrunde der Edinburgher Kavalier- und Puritanerfehden das Leben zweier sehr ungleicher Brüder ab.

c) Exotische Prosaerzählungen

Als Verfasser von Romanen mit romantischen Elementen gab es während dieses Zeitabschnitts noch eine lange Reihe von Einzelgängern, die beweisen, daß sich auch vom Prosaschrifttum her keine „Schulen" in England bil-

---

[5]) F. Lyell, A Study of the Novels of John Galt, Princeton 1942.

deten. Oft ist es sogar unmöglich, einen Schriftsteller der klassizistischen oder romantischen Richtung zuzuweisen. Thomas L. Peacock[6]) (1785—1866) z. B. neigte bald zur einen, bald wieder zur anderen Seite. Einmal verspottete er Wordsworth, Coleridge, Byron und sogar seinen Freund Shelley, ein wenig später schätzte er sie, wie aus seinen alles Mögliche kritisierenden Sonderlingen in Headlong Hall (1816), Melincourt (1817), Nightmare Abbey (1818) und Maid Marian (1822) zu entnehmen ist.

Nur im Hinblick auf den orientalischen Hintergrund kann man eine kleine Gruppe von Erzählern zusammenstellen. Unter dem Einfluß von Scott und besonders angeregt durch einige Elemente der ‚Gothic Novels' erschien eine Anzahl exotischer Romane. Hauptvertreter dieser Gattung waren Thomas Hope (c. 1770—1831) und James Morier (1780—1849), die beide ihre Erlebnisse im Orient für ihre Romane verwerteten, jener in Anastasius, or Memoirs of a Greek (1819), aus dem Byron einige Szenen für seinen „Don Juan" übernahm (vgl. S. 60), dieser in Adventures of Hajjî Baba of Ispahan (1824), wo die Hofetikette, die Basare, die Sitten und Gebräuche sowie die Glaubensansichten der Perser von besonderem Interesse für die Zeitgenossen waren.

d) Der realistische Roman

Zur Vermeidung eines einseitigen Bildes der romantischen Epoche muß schließlich noch der im letzten Viertel des 18. Jhs. aufgekommenen und dann weiter gepflegten Gattung von Romanen (vgl. S. 36 f.) gedacht werden, die in realistischer Weise Sittenbilder der Zeit vermittelten, und zwar durch Frauen.

Bei Amelia Opie (1769—1853) spielt in den verwickelten Handlungen ihrer Bücher manchmal noch das Geheimnisvolle mit, doch liegt die Hauptstärke in den ironischen Dialogen über die damalige Gesellschaft. In Adeline Morbray, or Mother and Daughter (1804) nahm sie zu Frauenrechtsfragen kritisch Stellung. Hannah

[6]) O. Campbell, Th. L. Peacock, ‚The Engl. Novelists', Ldn. 1953; D. Garnett, The Novels of Thomas Love Peacock, Ldn. 1948.

More[7]) (1745—1833) prangerte in ihren Werken, von denen Coelebs in Search of a Wife (1809) sehr populär wurde, die korrupten Zustände der oberen Kreise in der Absicht an, zur besseren Moral zu erziehen. Dasselbe wollte auch Maria Edgeworth[8]) (1767—1849), die den größten Teil ihres Lebens in Irland zubrachte und zunächst durch Kindergeschichten und kleinere irische Erzählungen[9]) bekannt wurde, unter denen ihr Castle Rockrent (1800) — der Bericht eines treuen Schloßverwalters über seinen rücksichtslosen, verschwenderischen und verschuldeten Herrn — am besten gelang. In ihrem Roman Belinde (1801) versuchte sie erstmals, an ausführlich — wenn auch vereinfacht — dargestellten Charakteren und an guten Milieuschilderungen ein großes Gesellschaftsbild ihrer Zeit zu geben. Bei diesem auch Scott anregenden Thema blieb sie in ihren Tales of Fashionable Life (1809 u. 1812) mit den Gegenüberstellungen von irischem Adel und Londoner Gesellschaft, Patronage (1814) und Ormond, wo auch das Pariser Leben mit einbezogen wurde.

Den Höhepunkt erreichte der realistische Sittenroman dadurch, daß Jane Austen[10]) (1775—1817) es verstand, neben den echten Milieuschilderungen lebenswahre Charaktere aus dem ländlichen Bürgertum und Kleinadel Südenglands mit ihren Stärken und Schwächen nach sehr genauen Beobachtungen ohne jede Tendenz und Parteilichkeit wiederzugeben[11]). In Sense und Sensibility (1797/98; publ. 1811) prangerte sie die unvernünftige, romantische Liebe an, in Pride and Prejudice (1796/97; publ. 1813) den Familienhochmut und die Vorurteile. Sie wandte sich gegen das „rosig" gesehene Frauenideal und gegen jeden romantischen Zauber. Des-

7) M. Jones, Hannah More, Cbr. 1952.

8) H. Newby, Maria Edgeworth, ‚The Engl. Novelists', Ldn. 1950.

9) T. Riese, Maria Edgeworth, Essay on Irish Bulls, A 72 (1954/55), 62 ff.

10) R. Chapman, Jane Austen: A Critical Bibliography, Oxf. 1953; M. Becker, Presenting Miss Jane Austen, Ldn. 1953; R. Chapman, Jane Austen: Facts and Problems, Oxf. 1949.

11) A. Wright, Jane Austen's Novels: A Study in Structure, N.Y. 1953; R. Chapman (ed.), The Works of Jane Austen, Ldn. 1954.

halb verspottete sie in Northanger Abbey (1798; publ. 1818) die ‚Gothic Novels' und vermied auch in Mansfield Park (1811/13; publ. 1814), Emma (1815; publ. 1816) und Persuasion (1815/16; publ. 1818) alles Ungewöhnliche und Sensationelle.

Was durch die Romane Maria Edgeworths und Jane Austens für Irland und England erreicht wurde, versuchte Susan Ferrier (1782—1854) mit Marriage (1818), The Inheritance (1824) und Destiny (1831) für Schottland, und zwar in lebendiger und humoristischer Weise, die auch Scott bewunderte.

2. Der Essay

Daß sich neben dem historischen Roman der Essay zu einem Höhepunkt während der Romantik entwickeln konnte, lag im Charakter dieser Gattung begründet. Von Bacon 1597 in die englische Literatur eingeführt (II, 86) und von Addison und Steele zu Aufklärungszwecken künstlerisch ausgestaltet (II, 131 f.), bot sich der Essay den Romantikern als eine Möglichkeit an, in der Prosa subjektiv das zum Ausdruck zu bringen, was die Dichter in der Poesie versuchten. Den persönlichen Bedürfnissen der Autoren entsprechend, konnten die Essays kürzere oder längere Plaudereien über künstlerische, philosophische, alltägliche u. a. Themen sein und im Stil ganz verschiedene Formen — auch die Briefform — annehmen. Veröffentlicht wurden sie im allgemeinen in Zeitschriften, die in dem Maße zunahmen, wie das Bedürfnis nach den zwanglosen, sehr individuell gestalteten Unterhaltungen während der Romantik wuchs.

Nachdem die im 18. Jh. aufgekommenen ‚Reviews' und ‚Magazines' bis auf ‚The Gentleman's Magazine' (1731/1907) (politisch neutral), ‚The Monthly Review' (1749/1845) (liberal) und ‚The Critical Review' (1756/1817) (konservativ) noch im gleichen Jahrhundert wieder eingegangen waren, begann 1802 mit der Gründung von ‚The Edinburgh Review' (1803/1929) (liberal) ein neues Stadium des Zeitschriftenwesens, denn ihr steigender Erfolg (1818: 14 000 Exemplare!) reizte zu einer Fülle ähnlicher Blätter, allerdings mit unterschiedlicher politischer Grundhaltung. So entstanden ‚The Quarterly Review' (1809 ff.) (konservativ), ‚Blackwood's Edinburgh Magazine' (1817 ff.) (konservativ), ,The London Magazine' (1820/29) (liberal), ,The New Monthly Magazine' (1814/84) (neutral) und ,The Westminster Review' (1824/1914) (neutral), daneben eine Reihe sehr kurzfristiger, wie etwa die durch Coleridge betreuten ,The Watchman' (1796) und ,The Friend' (1809/10) oder Hunts ,The Indicator' (1809/21).

Neben Coleridge[12]) veröffentlichten die meisten anderen Versdichter außer einzelnen lyrischen Stücken ihre Prosa — z. T. in Fortsetzungen — in den Zeitschriften, bevor sie später gesammelt herausgebracht wurden. Letzteres gilt auch für eine große Anzahl von Autoren, die sich in erster Linie durch ihre Essays einen Namen gemacht haben.

Der in seine Vaterstadt London vernarrte ,clerk' im ,India House' Charles Lamb[13]) (1775—1834) publizierte in Zusammenarbeit mit seiner Schwester zunächst Tales from Shakespeare (1807) und Specimens of English Dramatic Poets (1808), mit denen er seine Zeitgenossen durch ausgezeichnete Einfühlungsgabe in leicht faßlicher Darstellung die besten elisabethanischen Dramen nahebringen wollte. In seinen von 1820 bis 1825 in ,The London Magazine' erscheinenden und mit „Elia" unterzeichneten Essays plauderte er über altmodische Kanzleibeamte, Junggesellen, Sonderlinge und alle möglichen Dinge des Alltags in liebenswürdiger und humorvoller Weise.

In anspruchsloserer Art, aber ähnlich, schrieb der schon als Dichter erwähnte (vgl. S. 67) vielseitige Leigh Hunt (1784—1859) bis in die viktorianische Periode hinein seine Stücke für sechs verschiedene Zeitschriften, die er nacheinander leitete, darunter ,The Examiner'[14]) (1808/13), ,The Indicator' (1819/21) und in Italien mit Shelley und Byron zusammen ,The Liberal' (1822/23). Auch er bemühte sich, überall — selbst im Gefängnis, in dem er wegen Beleidigung des Prinzen von Wales und späteren Georgs IV. eine zweijährige Strafe absitzen mußte —

---

12) K. Coburn (ed.), Coleridge: Philosophical Lectures, Ldn. 1948.

13) W. Howe, Charles Lamb and His Friends, Indianapolis 1944; G. Pocock (ed.), The Letters of Charles Lamb, 2 Bde., Ldn. (Everyman's Libr.) 1946.

14) G. Stout, The Political History of Leigh Hunt's Examiner, ,Washington Univ. Studies' 19 (1949).

Lebensfreude zu entdecken und den Blick für das Schöne zu weiten. Da er für das Neue aufgeschlossen war, wurde er einer der Bahnbrecher für die Romantiker, hauptsächlich für Keats und Shelley.

Im Gegensatz zu den Vorgenannten war William Hazlitt[15]) (1778—1830) ein immer unzufriedener und widerspruchsvoller Suchender, der teils allen Dingen mit dem Intellekt auf den Grund kommen wollte, teils der Vernunft entsagte und seiner Phantasie nachging[16]). Von diesem Nebeneinander zeugen alle seine aus Vorlesungen stammenden Veröffentlichungen über englische Dichtungen und Dramen von Shakespeare bis zu den Romantikern, für die auch er Fürsprecher wurde: Characters of Shakespeare's Plays (publ. 1817), The English Poets (publ. 1818), Lectures on the English Comic Writers (publ. 1819), The Dramatic Literature of the Age of Elizabeth (publ. 1820) und The Spirit of the Age (publ. 1825). Dieselbe Mischung von Logik und Gefühl zeigen auch die daneben erschienenen Essays über allgemeine Themen: The Round Table (1819), The Plain Speaker (1820) und Table-Talk (1821/22). Durch diese Fülle übertraf er alle Zeitgenossen in der auch sonst sehr gepflegten literarischen Gattung, außerdem muß er als ihr kritischster Vertreter angesehen werden[17]).

3. Historie, Biographie, Kritik

Neben den Romanen und Essays zeigen auch Geschichtsschreibung, Memoiren, Biographien und zahlreiche kritische Abhandlungen, daß das Prosaschrifttum während der Hochromantik gegenüber der Versdichtung nicht so sehr im Hintergrunde stand, wie es in manchen Literaturgeschichten den Anschein hat. Abgesehen von den Romanschreibern und von den vielen Essayisten wandten sich fast alle, die in erster Linie Lyriker waren,

---

15) C. MacLean, Born under Saturn. A Biography of William Hazlitt, Ldn. 1943.

16) J. Bullitt, Hazlitt and the Romantic Conception of the Imagination, PhQ 24 (1945), 343 ff.

17) Ch. Patterson, William Hazlitt as a Critic of Prose Fiction, PMLA 68 (1953), 1001 ff.

gelegentlich der Prosa zu. Daneben gab es noch eine Reihe Schriftsteller, die historische, biographische und kritische Werke aller Arten verfaßten.

Robert Southey (vgl. S. 56 f.) schrieb z. B. neben seinen zahlreichen kritischen tagespolitischen Aufsätzen eine History of Brazil (1810/19) und eine History of the Peninsular War (1822/32) in je drei Bänden. William Mitford (1744—1827) erweckte durch seine History of Greece (1784/1810) die griechischen Studien wieder und Sharon Turner (1768—1847) wandte sich in der History of the Anglosaxons (1799/1805) der englischen Vergangenheit zu. Von literarisch weit größerem Wert war Henry Hallams (1777—1859) View of the State of Europe during the Middle Ages (1818), wo die treibenden Kräfte der europäischen Nationen im Mittelalter aufgezeigt werden.

Daß auch die Biographie wie in der Frühromantik weiter geschätzt wurde (vgl. S. 29 f.), ergibt sich aus dem starken Interesse am Persönlichen. Wieder kann als einer ihrer Vertreter Southey mit drei Werken genannt werden: Life of Nelson (1813), Life of Wesley (1820) und Life of Cromwell (1821). Scott war imstande, neben den vielen Romanen auch noch die Lives of the Novelists (1821/24) und sein Life of Napoleon Buonaparte (1827) zu veröffentlichen. Thomas Moore (vgl. S. 65 f.) verfaßte am Ende der Hochromantik und später Lebensbeschreibungen von Sheridan (1825), Byron (1830) und Fitzgerald (1831).

Es war für die Romantiker selbstverständlich, nicht nur viele Briefe zu schreiben, sondern Tagebücher zu führen, um ihre gewöhnlichsten Einsichten, Gedanken und Gefühle über sich und die Zeitgenossen auszudrücken[18]. Besonders aufschlußreich für die Literaturgeschichte ist

---

18) K. Coburn (ed.), The Notebook of Samuel Taylor Coleridge, 2 Bde., Ldn. 1958; E. de Selincourt (ed.), Journals of Dorothy Wordsworth, 2 Bde., Ldn. 1941; H. Darbishire (ed.), Dorothy Wordsworth's Journals, Oxf. 1958; F. Jones (ed.), The Letters of Mary Wollstonecraft Shelley, 2 Bde., Ldn. 1944; W. Scott (ed.), Correspondence of Shelley, 3 Bde., Ldn. 1944/45; F. Jones (ed.), Mary Shelley's Journal, Ldn. 1947.

das Diary (1811 ff.) des Juristen Henry C. Robinson (1777—1867), weil es auch viel von englischen und deutschen Dichtern und ihren Richtungen sagt.

Von den kritischen Prosaschriften wurde Wordsworths Vorrede zu den „Lyrischen Balladen" bereits früher gewürdigt (vgl. S. 54). Coleridge schrieb die Biographia Literaria[19]) (1817), ein Werk, in dem er seine Ansichten zu verschiedenen literarischen Theorien, Dichtern und ihren Werken niederlegte. Am wichtigsten sind darin die Kapitel über ‚Fancy' und ‚Imagination' (vgl. S. 54), die auch in Shelleys Defence of Poetry (1821), einer ausführlichen Philosophie über die Kunst, eine Rolle spielen.

C. Das Drama

Nach dem Niedergang des Dramas während der Frühromantik (vgl. S. 39 ff.) konnte wegen der immer stärker werdenden Ichbezogenheit der kommenden Dichtergeneration kaum Interesse für die Bühne erwartet werden. Ein weiterer Grund für die Vernachlässigung des Dramas lag in den mißlichen Theaterverhältnissen während des ersten Viertels des 19. Jhs. Abgesehen von der Sommerlizenz des ‚Little New Theatre' am Haymarket durften Sprechdramen auch jetzt nur in zwei Theatern (Drury Lane und Covent Garden) aufgeführt werden (II, 139 f.), die solche Dimensionen angenommen hatten, daß darunter das gesprochene Wort leiden und sich alles zugunsten grober visueller Wirkungen verschieben mußte. Diese Veräußerlichung, zu der noch manche auf optische Effekte eingestellte Neuerungen kamen (Gasbeleuchtung ab 1810!), lockte immer mehr ein Publikum an, das sich unterhalten oder gar nur belustigen wollte.

Die seit 1737 errichteten und während der Hochromantik hinzukommenden Nebentheater blieben mit dem Opernhaus auf die musikalischen Stücke eingeengt, wenngleich man oft versuchte, die Musik mehr oder weniger zurückzudrängen, so daß alle möglichen Mischarten von Bühnenstücken für ein zweitrangiges Publikum entstanden.

---

19) G. Watson (ed.), Samuel Taylor Coleridge, ‚Biographia Literaria', Ldn. 1956.

Alle diese Umstände mußten das schon geringe Interesse der großen Dichter, für die Bühne zu schaffen, noch mehr verkleinern. Während das allgemeine Bedürfnis durch Tagesschriftsteller oder Schauspieler befriedigt wurde, verfaßten die namhaften Romantiker nur ausnahmsweise ein Bühnenstück und wandten sich gelegentlich noch mit Buch- oder Lesedramen an die Anspruchsvolleren.

1. Die Tragödien

Am schwächsten war auf der Bühne die Tragödie vertreten. In abgeänderter Form — entweder mehr dem klassizistischen oder dem romantischen Geschmack entsprechend — kamen einige Stücke von Shakespeare und seinen Zeitgenossen zur Aufführung. John Delap (1725 bis 1812) u. a. konnten mit ihren deklamatorisch gehaltenen klassizistischen Tragödien nur noch ein kleines Publikum befriedigen. Den Stücken Henry H. Milmans (1791 bis 1868), der „das alte nationale Drama mit größerer Einfachheit der Handlung beleben" wollte und z. B. Fazio (1815; gespielt 1818), Belshazzar (1822) und Anne Boleyn (1826) herausbrachte, fehlt es an richtiger Tragik. Joanna Baillie (1762—1851) vernachlässigte die Handlung bei ihrem Streben, in den Plays on the Passions (1798, 1802 u. 1812) an den Hauptcharakteren eine einzige Leidenschaft sich entwickeln zu lassen. Diese Versuche zum „psychologischen" Drama wurden von James Sh. Knowles (1784—1862) mit Caius Gracchus (1815; gespielt 1823), Virginius (1820) und William Tell (1825) fortgesetzt und ragen über Mittelmäßigkeit hinaus.

Für eine ganze Reihe von Trauerspielen lieferten die Schauerromane die Stoffe. So erschienen z. B. von Matthew Lewis (vgl. S. 68) The Castle Spectre (1797), von William Dimond († 1830) The Foundling of the Forest (1809), von Charles Maturin (vgl. S. 68) Bertram (1816) und Fredolfo (1819).

Wordsworth (vgl. S. 53 ff.) schrieb, angeregt durch Schillers „Räuber", sein Blankversdrama The Borderers (1795/96), das aber erst in den 40er Jahren veröffentlicht wurde. Coleridge (vgl. S. 50 ff.) hatte 1794 mit Southey (vgl. 56 f.) The Fall of Robespierre begonnen, ein handlungsloses Stück, das sich in schwülstigen Worten für die Freiheit ausspricht. Mit Erfolg aufgeführt wurde dagegen Coleridges Remorse (1813), das den Freiheitskampf der Spanier gegen die Mauren zum historischen Hintergrunde nahm. Von Keats' (vgl. S. 63 ff.) dramatischen Bemühungen ist Otho the Great (1819) zu erwähnen. Conrad verheiratet an Othos Sohn Leopold seine Schwester Euranthe, die aus eigensüchtigen Motiven Erminia verdächtigt. Nach deren erwiesener Unschuld stirbt Euranthe, und Leopold wird geistesgestört.

Für die Literaturgeschichte von wirklichem Interesse sind die von Byron (vgl. S. 58 ff.) in Italien für ein „geistiges Theater der Zukunft" geschriebenen dramatischen Dichtungen, in denen er selbst — wie in seinen anderen Werken — im Mittelpunkt steht. Manfred[1]) (1817) beginnt — wie „Faust" — mit einem Monolog über die Nichtigkeit des Wissens und Erkennens. Durch eine geheimnisvolle Blutschuld an einer Verwandten, die er liebte, ist er zum Weltverneiner geworden, der vergeblich Ruhe sucht. Als ihn auch die herbeigerufenen Geister nichts vergessen machen können, will er in den Alpen Selbstmord verüben, wird aber von einem Jäger zurückgehalten. Eine Bergfee, der er sich anvertraut, verspricht, ihn zu retten, wenn er ihr Gehorsam gelobt. Das lehnt er aus Stolz ab. Auf seinem Schloß versucht der Abt eines benachbarten Klosters vergeblich, ihm durch den Übertritt zum Christentum Ruhe zu verschaffen. Auch der zweite Versuch dazu schlägt fehl. Manfred ergibt sich trotzig dem Tod, der mächtigsten Gewalt, die ihn allein von seiner Gewissenspein erlösen kann.

In Ravenna und Pisa schrieb Byron zwei für Italien bestimmte Stücke, von denen Marino Faliero (1821) gegen seinen Wunsch auch in London aufgeführt wurde und mit dem Thema der Auflehnung Hochgestellter gegen die Regierung Erfolg hatte. The Two Foscari (publ. 1821) gab ein Beispiel äußerst strenger Rechtspflege, auf der die einstige Größe Venedigs beruhte.

In dem „Mysterium" Cain (1821) kehrte Byron wieder zur Selbstbetrachtung zurück. Adams Sohn philosophiert über die Frage, wie das Böse in die Welt gekommen sei. Lucifer bestärkt ihn in seinen Zweifeln an

---

1) B. Evans, Manfred's Remorse and Dramatic Tradition, PMLA 62 (1947), 752 ff.

Gottes Güte und reist mit ihm durch das Weltall, in dem das Vergangene groß, das Gegenwärtige nichtig und das Künftige geheimnisvoll erscheinen. Nachdem Cain aus Unduldsamkeit und innerem Widerspruch Abel am Altar erschlagen hat, wird er zu ewiger Ruhelosigkeit verflucht.

In Pisa beendete Byron noch das 1815 für die Bühne geplante Stück Werner, or The Inheritance (1822), in dem der vom Vater wegen Jugendverirrungen verstoßene Titelheld seinen Sohn zu einem Mord veranlaßt, wodurch die ganze Sippe Werners zugrunde geht. Das unvollendet gebliebene The Deformed Transformed (1824) spielt auf des Dichters mißgestalteten Fuß an und zeigt auf, wie der verwachsene Arnold durch einen Dämon in die Gestalt Achills verwandelt wird und zu Erfolg und Glück gelangt.

Die wesentlichste Bereicherung des für die Romantik typischen Lesedramas bildete Shelleys (vgl. S. 61 ff.) ebenfalls in Italien geschriebenes „dramatisiertes Gedicht" Prometheus Unbound[2]) (1818/19; publ. 1820), eine sinnbildliche Darstellung des vom Dichter erwarteten künftigen Reichs des Friedens und der Freiheit. Der von Jupiter — dem Widersacher jedes Fortschritts — gestürzte und an einen Felsen geschmiedete Prometheus wartet bereits drei Jahrtausende hindurch geduldig auf Jupiters Vernichtung. Wie es zu dieser kommen wird, ist sein Geheimnis, das er niemand verrät, so groß auch seine Qualen sein mögen. Akt III bringt die Lösung: Jupiter wird durch seinen eigenen Sohn Demogorgon gestürzt und Herkules befreit Prometheus, der mit Asia vereint wird. Der symbolische Gehalt dieser Ideendichtung ergibt sich aus der Vorrede: Prometheus ist der nach Liebe und Menschlichkeit Strebende, Jupiter die Verkörperung der bedrückenden politischen und religiösen Institutionen, die der Intellekt der Menschen geschaffen hat. Freier Geist und Schönheit kommen erst nach Prometheus' Befreiung zusammen. Von diesem Augenblick an entsteht eine neue Welt.

Für die Bühne hatte Shelley The Cenci (1819; publ. 1820) geschrieben, eine der ergreifendsten Tragödien der Romantiker. Im Mittelpunkt steht Beatrice Cenci, eine

[2]) B. Weaver, ‚Prometheus Bound' and ‚Prometheus Unbound', PMLA 54 (1949). 115 ff.

zarte Frau, die durch ihres Vaters Tyrannei zum Mord getrieben wird, ihre Schuld erkennt und reuig ihrem Bruder die Mahnung hinterläßt, lieber stets alles geduldig zu ertragen als eine Verzweiflungstat zu begehen. Da dieses Trauerspiel menschlicher Leidenschaften allzu lyrisch angelegt ist und die dramatische Handlung zu kurz kommen läßt, auch keine überzeugende Charakterentwicklung zeigt, war es für die Bühne ungeeignet.

2. Die Komödien

Zahlenmäßig nahmen die Komödien während der Hochromantik einen weiteren Raum ein als die Tragödien. Der Qualität nach standen sie erheblich niedriger, weil die Dimensionen der beiden privilegierten Theater (vgl. II, 139 f.) den feinen Witz und leisen Humor nicht mehr zuließen. Das war wohl mit ein Grund dafür, daß sich — mit einer Ausnahme — keiner der größeren Dichter bereit fand, ein Lustspiel für die Bühne oder für ein Lesepublikum zu schreiben.

Für die wenigen erwähnenswerten Komödien ist der in der Frühromantik festzustellende sentimentale Zug charakteristisch. Das gilt z. B. für die zahlreichen Stücke George Colmans d. Jüng.[3]) (1762—1836), von denen The Heir at Law (1797) und The Poor Gentleman (1802) genannt seien. Bedeutender war die vom französischen und deutschen Problemdrama angeregte Elizabeth Inchbald (vgl. S. 37). Ihr größter Erfolg war Lover's Vows (1798), die Bearbeitung eines Stückes von Kotzebue. Auch ihre anderen Lustspiele waren bühnengerecht abgefaßt und zeigten — wie ihre Romane — gute Charakterentwicklungen. Bei Thomas Holcroft (vgl. S. 41 f.) trat in einigen seiner zwei Dutzend Komödien ein lehrhafter Ton hinzu. The Road to Ruin (1792) und The Deserted Daughter (1795) stellten z. B. heraus, daß es um der Menschheit willen gut sei, stets die Wahrheit zu sagen.

Thomas Morton (c. 1764—1807) ging dadurch eigene Wege, daß er entgegengesetzte Charaktere auf die Bühne brachte, um komische Situationen zu erzeugen, wie z. B. in

[3]) J. Bagster-Collins, George Colman the Younger, N. Y. 1946.

Speed the Plough (1798), Secrets worth Knowing (1798) und The School of Reform (1805). Interessanter ist John Tobin (1770—1804), der sich weitgehend an Shakespeare orientiert hatte. So verknüpfte auch er — wie z. B. in The Honey Moon (gespielt 1805) und The Curfew (gespielt 1807) — verschiedene Handlungen mit allerlei romantischen Zufälligkeiten.

Als Kuriosität zu diesem Abschnitt ist noch zu vermerken, daß sich als einziger der großen Dichter auch Shelley in einer Komödie versuchte. Aus Verärgerung über den Skandalprozeß Georgs IV. gegen seine Gattin schrieb er Œdipus Tyrannus, or Swellfoot the Tyrant (1820), ein sehr satirisches Stück, in dem alle Charaktere unter Decknamen und der Chor in Form von Schweinen auftreten.

3. Opern, Melodramen u. a.

Den weitaus größten Raum in den damaligen Spielplänen nahmen die mit Musik verbundenen Stücke ein, die unter den Namen Burletta, Comic Opera, Melo-Drame, Musical Drame (Play, Farce) und Operatic Drama liefen.

Von literarischem Interesse sind allerdings nur die Opern, und hier in erster Linie die Versuche Frederick Reynolds' (1764—1841), auch Shakespeares Komödien zu vertonen. Nachdem A Midsummer Night's Dream (1816) großen Anklang gefunden hatte, folgten The Comedy of Errors (1819), Twelfth Night (1820), The Two Gentlemen of Verona (1821) und The Merry Wives of Windsor (1824). Dem Zeitgeschmack entsprechend nahm Reynold Änderungen am Originaltext durch Streichungen oder durch Einschübe von Gesängen vor.

Alle anderen mit Musik verbundenen Gattungen dienten ausschließlich der Belustigung breiter Massen und wurden von rührigen, nur auf die Theaterkassen bedachten Autoren, zu denen auch Schauspieler gehörten, verfaßt. Sie sind zwar kulturgeschichtlich aufschlußreich, haben aber keinen literarischen Wert. Was hier vor sich ging, möge abschließend an zwei Kuriositäten veranschaulicht werden.

Eines der vielen neugegründeten Theater — Sadler's Wells — hatte 1804 die besondere Aufgabe übernommen, das „nautische" Drama zu pflegen. Charles Dibdin (1745 bis 1814) ließ in The Siege of Gibraltar (1804) die Taten der englischen Marine in einem riesigen Wassertank nachspielen. Das Publikum war so begeistert von den Beschießungen, Schiffsbränden und der Errettung Ertrinkender, daß sich dieses Programm vier Jahrzehnte lang hielt. In einem Mittelding zwischen Theater und Zirkus — Astley's — spielten Schlachtenszenen die Hauptrolle, wobei Pferde erschienen und gelegentlich phantastische kavalleristische Pantomimen vorgeführt wurden. Damit war die Grenze „dramatischer" Kunst erreicht. Mit Literatur hat das nichts mehr zu tun.

DER VIKTORIANISMUS

Unter „Viktorianismus" ist ein Lebensstil zu verstehen, der sich während der Regierungszeit der Königin Victoria (1837—1901) herausbildete, die als 18jährige den englischen Thron bestieg, in whigistischem Sinne erzogen worden war, sich aber immer mehr zu den Ansichten der konservativen Tories bekannte[1]). Ihre Gesamthaltung wurde maßgeblich bestimmt durch den deutschen Prinzgemahl Albert von Sachsen-Coburg und Gotha[2]), mit dem sie in so glücklicher Ehe lebte, daß sie sich nach seinem Tode (1861) mehrere Jahre in tiefer Trauer vom öffentlichen Leben zurückzog.

Zu den positiven Seiten der viktorianischen Lebensweise gehörten die Hochschätzung der Familie, die Freude am Besitz, die Achtung vor der Tradition, Gehorsam und Pflichtgefühl — auch dem Staat gegenüber. Es bestand allerdings stets die Gefahr der Übersteigerung guter Eigenschaften. So konnte z. B. Gattenliebe zur Verhimmelung, Treue zum Starrsinn, das Konservative zur Norm, Besitz zur Sattheit, Mitleid zur Sentimentalität führen. Im Laufe des 19. Jhs. zeigten sich immer deutlicher als weitere negative Erscheinungen Egoismus, Intoleranz, geistige Trägheit, Phantasie- und Geschmacklosigkeit, deren Folgen ein sehr verbreitetes „Spießertum" waren.

Gegen dieses wurden die seit der Thronbesteigung Victorias bestehenden kritischen Äußerungen in den 80er Jahren so heftig und andere Lebensanschauungen so deutlich, daß der Viktorianismus nicht erst mit dem Tode der Königin (1901), sondern schon mit deren 50. Regie-

1) K. Hagbert, Victoria, Drottning av England, Stockholm 1949; L. Strachey, Queen Victoria, Ldn. 1949.

2) R. Fulford, The Prince Consort, Ldn. 1949.

rungsjubiläum (1887) im großen ganzen als beendet angesehen werden kann.

Andererseits trat er bereits in einigen Zügen langsam in dem Maße in Erscheinung, wie die Hochromantik während der 20er Jahre erlag. So kam es wiederum zu einer zwischen großen Epochen üblichen Übergangsperiode, in der das Neue mit dem Alten rang. Entsprechend der zur Hochromantik führenden Vorromantik leitete zum Viktorianismus der ungefähr das Jahrzehnt 1826/36 umfassende Vorviktorianismus mit seinen politischen, sozialen und geistesgeschichtlichen Auseinandersetzungen über, die zu einem entscheidenden Wandel der englischen Gesellschaft führten.

1. Kapitel

DAS VORVIKTORIANISCHE JAHRZEHNT (1826 bis 1836)

Die soziale Umschichtung

Die Repräsentanten des Staates waren während der vorviktorianischen Jahre zunächst noch Georg IV. (1820—30) und dann Wilhelm IV. (1830—37). Während jener sein anstößiges Leben fortsetzte (vgl. S. 47), als Herrscher ganz versagte und als verhaßtester König galt, handelte es sich bei seinem nachfolgenden Bruder, der erst mit 65 Jahren den Thron bestieg, um einen einfach lebenden, wohlmeinenden und beim Volke beliebten Sonderling.

Das vorviktorianische Jahrzehnt ist innenpolitisch gekennzeichnet durch die Endphase des die Hochromantik begleitenden Kampfes zwischen dem Adel und den zu immer größerem Reichtum gelangenden Großindustriellen und Großkaufleuten, die im allgemeinen Dissenters waren. Diesen nach Bildung strebenden bürgerlichen Kreisen mußte 1827 zugestanden werden, das nicht an die anglikanische Staatskirche gebundene ‚London University College' zu gründen. Einen weiteren Einbruch in die Front der bisherigen Machthaber bedeutete Robert

Peels ‚Catholic Relief Act' von 1829, weil dadurch auch Katholiken Zutritt zum Parlament erhielten. Schließlich fiel in diesem am 3. Juni 1832 der entscheidende Schlag gegen den englischen Adel, indem die zum Gesetz erhobene ‚Reform Bill' den größeren Industriestädten endlich eigene Parlamentssitze zugestand und andererseits die ungerechtfertigten Vertretungen von 56 längst nicht mehr bestehenden oder zusammengeschrumpften Ortschaften (‚rotten boroughs') aufhob. Damit gelangte das reiche Bürgertum an die Macht, und eine Form der Demokratie hatte begonnen.

An diesem Ergebnis waren die Arbeiter insofern beteiligt gewesen, als sich die Fabrikherren ihrer zur Durchsetzung der erstrebten Ziele bedient hatten. Aber trotz der Wahlreform blieb großes Elend bei den Massen des Volkes bestehen. Nachdem Robert Peels und Robert Owens Versuche einer Linderung der Not mißlungen waren und auch Verbesserungsvorschläge 1825 und 1841 im Parlament kaum Beachtung gefunden hatten, kam endlich zu Beginn der neu gegründeten Demokratie ein Gesetz heraus (1833), das Jugendlichen unter 18 Jahren die Nachtarbeit in einigen Fabriken verbot, ihre Arbeitszeit auf höchstens zwölf und die der Kinder unter 13 Jahren auf nicht mehr als neun Stunden täglich festlegte.

Die 1824 erfolgte Aufhebung der ‚Combination Laws' (vgl. S. 46) machte nun auch die Gründung von Gewerkschaften (‚Trade Unions') möglich, die sich 1829 zu ‚The Grand General Union of the United Kingdom' und 1834 zu ‚The Grand National Consolidated Trades Union' zusammenschlossen[3]). Damit waren wenigstens die Voraussetzungen für eine allmähliche Besserung der Lebensbedingungen der Arbeiter während der folgenden Jahrzehnte des Viktorianismus geschaffen.

Auf dem Lande dauerte die Zusammenlegung von kleinen zu riesigen Äckern und Weideflächen (‚enclosures') (vgl. S. 13) bis in die Zeit Wilhelms IV. an. Das hatte neben dem wachsenden Reichtum der Großgrundbesitzer und der mit Hilfe neuer Ackerbaumethoden möglichen besseren Erträge die weitere Landflucht von Päch-

3) A. Aspinall, The Early Engl. Trade Unions, Ldn. 1949.

tern und Bauern zur Folge. Der Wandel Englands zum Industriestaat war zu Beginn des Viktorianismus so gut wie abgeschlossen.

Im krassen Gegensatz zu den Mißständen in den Fabrikstädten mit ihren ‚slums' stand im Westen Londons das Treiben der immer lauter und anrüchiger werdenden Dandys (vgl. S. 47 f.), solange der haltlose Georg IV. für sie der Mittelpunkt war. Wilhelm IV. verhielt sich ihnen gegenüber gleichgültig, und nach der Niederlage des Adels im Parlament hatten auch sie ausgespielt, hinterließen jedoch gerade im vorviktorianischen Jahrzehnt deutliche Spuren in der Literatur.

A. Die Fortsetzung der Romantik

Es lag im Wesen auch der vorviktorianischen Übergangsperiode, daß das Alte weiterhin zahlreiche Verehrer fand. Hin und wieder erschienen von den noch lebenden Romantikern selbst bis zum Ende der 30er Jahre neue Werke; so von William Wordsworth *Yarrow Revisited and Other Poems* (1835) und *Upon the Punishment of Death* (1840), von Samuel T. Coleridge *Specimens of Table Talk* (1835) und von Robert Southey *Lives of British Admirals* (1833) und *The Doctor* (1834 ff.). Andere Hauptrepräsentanten romantischer Dichtungen waren zwar längst gestorben, aber die notwendigen Neuauflagen ihrer Werke zeugten von deren geistigem Weiterleben. Von den kleineren Talenten der Romantik wirkten u. a. John Clare mit *The Shepherd's Calendar* (1827) und Thomas Moore mit der Veröffentlichung seiner *Irish Melodies* (1807/34) bis in die viktorianische Zeit hinein. In die Übergangsjahre gehören auch seine Lebensbeschreibungen von *Byron* (1830) und *Fitzgerald* (1831). Die während der Romantik zur Entfaltung gelangte Gattung des Essays wurde auch in fast jedem ‚Magazine'- oder ‚Review'-Band der Jahrgänge 1826/36 fortgesetzt. Zu dem bewährten Autor Leigh Hunt gesellte sich vor allem Walter Savage Landor[1]) (1775—1864) mit

[1]) R. Super, *Walter Savage Landor: A Biography*, N. Y. 1954; E. Chambers, *Landor, Poetry and Prose*, Oxf. 1946.

den Imaginary Conversations (1824, 1826, 1829, 1853), einer Reihe erdichteter Gespräche über die griechische und römische Kultur sowie über politische und andere Persönlichkeiten in der romantischen Art der psychologischen Selbstcharakteristik und des Einmischens des Dichters.

Selbst die alten Schauerromane wurden noch gepflegt und sogar fortgesetzt, so etwa durch Thomas De Quinceys[2]) (1785—1859) Klosterheim (1832). Für die ‚historical novels' sorgte bis zu seinem Tode (1832) der unermüdliche Sir Walter Scott (vgl. S. 69 ff.). Von seiner letzten Gruppe, in der er sich abermals um neue Stoffgebiete bemühte, seien hervorgehoben Woodstock (1826), eine Geschichte des Bürgerkriegs, The Fair Maid of Perth (1828) ferner Anne of Geierstein (1829) mit den Kämpfen der Schweizer gegen österreichische und burgundische Fürsten als Hintergrund und Castle Dangerous (1832), wo noch einmal Robert Bruce und James Douglas verherrlicht werden.

Scotts wenige Nachfolger veröffentlichten ihre meisten historischen Romane vor der Thronbesteigung Victorias, z. B. George P. R. James (1801—60) Richelieu (1829), Philip Augustus (1831), Mary of Burgundy (1833) und John Marston Hall (1834) sowie William H. Ainsworth (1805—82) Rookwood (1834) und Crichton (1837), danach noch The Tower of London (1840) und Windsor Castle (1843). Auch von dem alle Richtungen vertretenden Edward Bulwer Lytton[3]) (1803—73) erschienen in den 30er Jahren die beiden ‚historical novels' The Last Days of Pompeii (1834) und Rienzi (1835).

Schließlich fehlte es auch nicht an romantischen Erzählungen, die an den Volksglauben und an Legenden anknüpften, wie es z. B. in Thomas Crofton Crokers (1798 bis 1854) Fairy Tales and Traditions (1825/28) geschah.

---

[2]) J. Jordan, Thomas De Quincey, ‚Engl. Studies' 4, Berkeley 1952; K. Proctor, Thomas De Quincey's Theory of Literature, ‚Univ. of Michigan Publications' 19, Ann Arbor 1943; I. Jack, De Quincey Revises His ‚Confessions', PMLA 72 (1957), 122 ff.

[3]) The Earl of Lytton, Bulwer-Lytton, ‚The Engl. Novelists', Ldn. 1948.

B. Das Vordringen des Realismus

Von den in alten Bahnen sich bewegenden literarischen Bemühungen hoben sich im Laufe des vorviktorianischen Jahrzehnts neuartige Bestrebungen immer deutlicher ab, die z. T. Romantisches weiter verwendeten, meistens aber ausschalteten.

In der Lyrik traten drei der großen viktorianischen Dichter bereits vor 1837 mit ihren Versen an die Öffentlichkeit. Alfred Lord Tennysons (vgl. S. 99 ff.) erste Poems by Two Brothers (1827) standen noch ganz unter dem Einfluß der Romantiker. Aber schon sein in Cambridge preisgekröntes Gedicht Timbuctoo (1829) zeigt insofern eine andere Note, als der Autor seine Phantasiegebilde durch die Auswirkungen der Forschungen zerstört sieht. Einige seiner folgenden Poems (1833) weisen weitere Eigenarten auf. In The Lady of Shalott bezieht der Dichter die Tafelrunde des Königs Artus ein. Oenone und The Lotos Eaters gehen in den Themen auf die Klassik zurück, versuchen aber auch, moderne Gefühle der Sehnsucht aus der Alltagswelt wiederzugeben.

Ganz aus dem Rahmen des Üblichen fällt Robert Brownings (vgl. S. 102 ff.) erstes Werk Pauline (1833), die in Blankversen verfaßten, schwer deutbaren Bekenntnisse eines platonisch Liebenden. Seine spätere Frau Elizabeth Barrett-Browning (vgl. S. 104 ff.) begann in dem vorviktorianischen Jahrzehnt mit der Gedichtsammlung An Essay on Mind (1826) ihre stark unter Byrons Einfluß stehende Periode und beendete sie kurz danach mit The Seraphim and Other Poems (1838). Dann wandte sie sich der sozialen Lyrik zu, für die erste bemerkenswerte Beispiele von Ebenezer Elliott (1781 bis 1849) in seinen Corn Law Rhymes (1828) und von Caroline Norton (1808—77) in ihren Fabrikliedern A Voice from the Factories (1830) erschienen, deren Themen die um ihr Recht auf Leben und ausreichende Löhne kämpfenden Arbeiter und das Elend ihrer Familien sind.

Deutlicher aber als in der Versdichtung wird die Tendenz zum Realismus in der Prosa. Bereits während der Romantik hatten einige Romanschreiberinnen realistische Sittenbilder vermittelt und sich besonders gegen die falschen romantischen Vorstellungen von Frauen gewandt (vgl. S. 72 ff.). Von ihnen setzte hauptsächlich Maria Edgeworth (vgl. S. 73 f.) ihre Tätigkeit bis gegen Ende des vorviktorianischen Jahrzehnts durch Garry Owen (1832), Poor Bob (1832), Orlando (1834), The Good Aunt (1834) und Helen (1834) fort.

Von Scott angeregt wurden nach 1825 Darstellungen des irischen Volkslebens: Lady Morgan (1775—1859) schrieb The O'Briens and the O'Flahertys (1827), Gerald Griffin (1803—40) Tales of the Munster Festivals (1827/32), William Carleton (1794—1869) Traits and Stories of the Irish Peasantry (1830/33).

Realistische fremdländische Milieuschilderungen — neben romantischen Abenteuern — gaben der schon früher genannte James J. Morier (vgl. S. 72) in Zohrab the Hostage (1832) und Ayesha the Maid of Kars (1834) sowie Edward J. Trelawny (1793—1881) in The Adventures of a Younger Son (1831).

Schließlich stellten auch die in der Art von Smollett (II, 138 f.) verfaßten Seeromane Frederick Marryats[4]) (1792—1848) eine Mischung von Realismus und Romantik dar. In Peter Simple (1834), Jacob Faithful (1834) und Mr. Midshipman Easy (1836) finden sich hartes Bordleben, Kriegsszenen und Seeabenteuer miteinander spannend verwoben.

Diese verschiedenen nebeneinander stehenden Romangattungen wurden überboten von den das vorviktorianische Jahrzehnt beherrschenden sogenannten ‚fashionable novels'[5]). Sie traten plötzlich so stark in Erscheinung, daß man in den Zeitschriften bereits 1825/26 von einer ‚general class', ‚school' oder ‚species' sprach und daß von den nach Hunderten zählenden in den folgenden Jahren einige Dutzend als rezensionswürdig erachtet wurden. Das allgemeine Thema findet sich schon durch die Nebentitel dieser Gattung ‚Novels of High (Fashio-

4) O. Warner, Captain Marryat, A Rediscovery, Ldn. 1953.

5) Vgl. F. Schubel, Die ‚Fashionable Novels', ‚Essays and Studies on Engl. Language and Literature' XII, Uppsala 1952.

nable) Life' oder ‚Dandy Novels' klar bezeichnet. Im Mittelpunkt stehen "the higher classes of English society" oder "the upper walks of society", im besonderen die Dandys, und zwar in lebensechter Darstellung nach bester Kenntnis der Verfasser, die entweder dem Adel angehörten — z. T. selbst Dandys waren — oder engsten Kontakt zu ihm hatten.

Den Hintergrund bilden meistens die Milieus der derzeitigen ‚fashionable society' — vornehme Häuser, Schlösser, Parks, Gärten, Ballsäle, Clubs, Theater — und die Konversationen über Familienangelegenheiten — vor allem Stammbäume, Liebschaften, Heiraten —, über Festlichkeiten — Bälle (besonders bei Almack's), Dinner Parties, Gelage, Opern, Balletts —, über sportliche Veranstaltungen und über die Passionen der Dandys in den Clubs — Glücksspiele und Wetten —, über Politik und Religion, auch über Musik, Dichtung und andere Künste.

Wegen der Verschiedenartigkeit der Darstellung dieser Themen, vor allem aber wegen der unterschiedlichen Handlungen und Zentralfiguren kann bei diesen Moderomanen ebensowenig von einer homogenen Masse gesprochen werden wie bei der vorangegangenen Flut der ‚Gothic Novels' (vgl. S. 37 ff.).

Robert P. Ward (1765—1846) schilderte in Tremaine (1825) die Läuterung des gleichnamigen Helden von einem durch die Gesellschaft gelangweilten, skeptischen Jüngling zu einem lebenbejahenden, christlich gesinnten guten Menschen. Constantine H. Phipps (1797—1863) verlegte in Matilda (1825) das alte Thema der Liebe zwischen einer reichen Frau und einem angeblich armen Liebhaber in die höchste Gesellschaft und ließ die Geschichte tragisch enden. Ähnlich ist es in Thomas H. Listers (1800—42) Granby (1825), doch kommt die Rolle eines schurkischen Rivalen hinzu. Eine neue Art lieferte Benjamin Disraeli (vgl. S. 94) mit seinem autobiographischen Vivian Grey (1826) dadurch, daß der Titelheld ein recht positiv gezeichneter Dandy ist, der allerdings von der Welt überspielt wird, weil er seine Gewandtheit überschätzt.

Auch Frauen verfaßten häufig angepriesene, einträgliche ‚fashionable novels'. Mrs. Robert Hudson (= Marianne Spencer Stanhope) stellte in Almack's (1826) die berüchtigten ‚Ladies Patronesses', d. h. die rigorosen ‚Dandizettes' in den Mittelpunkt, die jahrelang im gesellschaftlichen Treiben tonangebend waren. Die ehemalige Hofdame Charlotte Bury (1775—1861) schuf mit Flirtation (1828) durch die Gegenüberstellung einer Dandizette mit deren natürlich empfindenden und wohltätigen Schwester eine neue Variante. In A Marriage in High Life (1828) schilderte sie die moderne Ehe und machte sich hier und noch später zur Fürsprecherin enttäuschter Frauen.

Von entscheidender Bedeutung für die Entwicklung dieser Gattung war Edward Bulwer Lyttons (vgl. S. 89) Pelham (1828) wegen des Versuchs, den Dandy zu rehabilitieren und ihn als neues Gentlemanideal hinzustellen. Erst allmählich konnte durch die Kritik diese „Begriffsverwirrung" beseitigt und das Erscheinen weiterer ‚fashionable novels' üblicher Art gefördert werden.

Von 1830 an wurden sie von Frauen gepflegt. Catherine Gore (1800—61) begann mit Women as they Are (1830) und behandelte wie Charlotte Bury hauptsächlich die Probleme moderner Ehen. Die Kritik hob immer mehr die lebensgetreuen Milieuschilderungen als wichtige Zeitdokumente hervor, während die Handlungen an Reiz verloren.

Es verstand sich, daß nach der Thronbesteigung Wilhelms IV. und nach der Niederlage des Adels das Interesse an den ‚fashionable novels' erlahmte; doch fanden sich für sie noch so viele Leser, daß Catherine Gore bis 1843 jährlich ein bis zwei Moderomane produzierte, von der Gräfin v. Blessington solche bis 1846 und von Charlotte Bury sogar noch bis 1864 erschienen.

Ihre Fülle seit 1825 verhalf nicht nur den realistischen Tendenzen während des Vorviktorianismus zum Siege, sondern beeinflußte auch entweder durch die Themen oder durch die Darstellungsweise die meisten viktorianischen Prosaisten, von denen einige durch ihre Frühwerke das literarische Bild zwischen 1826 und 1836 noch bunter gestalteten.

Thomas Carlyle (vgl. S. 109 ff.) kam nach seinen ersten literarischen Arbeiten, die etwas von deutschem Geist in England bekannt machten, mit einem der eigenartigsten Werke, Sartor Resartus (1833/34), heraus, in dem er die von Bulwer in den Mittelpunkt gerückte Bekleidung eines Dandys (vgl. S. 47 f.) für ebenso belanglos hinstellte wie alle anderen äußerlichen Einrichtungen, während Entsagung und Arbeit als das Wesentlichste für den nach innerer Freiheit strebenden Menschen postuliert wurden.

Charles Dickens (vgl. S. 116 ff.) brachte seine 1833 begonnenen Zeitschriftenbeiträge als Sketches by Boz (1836/37) und The Posthumous Papers of the Pickwick Club (1836/37) heraus. Nachdem die adligen Kreise bereits seit zehn Jahren ihre Darsteller gefunden hatten, erschien jetzt ein Künstler, der die kleinen Menschen des Alltags in ihren Leiden und Freuden in humorvoller Weise[6]) zeichnete und dabei endlich die Aufmerksamkeit der breiten Öffentlichkeit auf die Mißstände der Zeit lenkte.

Benjamin Disraeli (vgl. S. 92 und S. 121 f.) veröffentlichte außer einer zweiten ‚fashionable novel' The Young Duke (1831) kurz darauf in Contarini Fleming (1832) seine Eindrücke und Erfahrungen von einer Europareise, auf der er die Hauptwirkungsstätten des Judentums besucht hatte, verherrlichte in The Wondrous Tale of Alroy (1833) einen jüdischen Fürsten des 12. Jhs. und schrieb noch eine delikate Liebesgeschichte Henrietta Temple (1836).

2. Kapitel

FRÜHVIKTORIANISMUS UND BLÜTEZEIT (1837 bis c. 1870)

Wesenszüge der viktorianischen Ära

Nachdem Frankreich als Rivale schon 1815 ausgeschaltet worden war, durchlebten die Viktorianer außenpolitisch eine ruhige Zeit. Der durch Nikolaus von Rußland herbeigeführte Krimkrieg (1854/56) berührte die englische Öffentlichkeit ebensowenig wie einige in der Ferne sich abspielende Kämpfe mit Eingeborenen der Kolonien, de-

[6]) W. Schmidt-Hidding, Sieben Meister des literarischen Humors ..., Heidelberg 1959, 112 ff.

ren heftigster 1857 in Indien stattfand. Während die anderen europäischen Nationen mit sich beschäftigt waren, gelang es geschickten englischen Staatsmännern, ein auf der Beherrschung der Meere beruhendes Imperium aufzubauen.

Kennzeichnend für die Innenpolitik war die mit Hilfe des common sense mögliche nüchterne Erledigung schwieriger Probleme, ohne daß es — wie auf dem Kontinent — zu Revolutionen kam. Der nach 1832 weiter bestehenden Unzufriedenheit der Arbeiter, die hier und dort zu Massenkundgebungen, gelegentlich auch zu blutigen Zusammenstößen und zur ersten großen Arbeiterbewegung, dem „Chartismus", führte, begegnete das Parlament 1848 mit der Annahme einer großen Petition, die u. a. den 10stündigen Arbeitstag festlegte. Die zweite ‚Reform Bill' von 1867, die die Zahl der Wahlberechtigten verdoppelte, sicherte die englische Demokratie durch die Befriedigung weiterer Forderungen des inzwischen nach den ‚hungry forties'[1]) zu besseren Lebensbedingungen gelangten vierten Standes. Im Hintergrunde dieser Befriedigungspolitik stand die aus den Tories hervorgegangene und von Benjamin Disraeli (vgl. S. 121 f.) angeführte „Jung-England-Bewegung", die gegenseitige Hilfeleistungen der Klassen forderte.

Zu großem Wohlstand kam der whigistisch geleitete kaufmännische Mittelstand (‚upper middle class'[2]). Dazu trugen die Herstellung von Industriegütern im eigenen Lande und deren mit Hilfe besserer Verkehrsverbindungen[3]) immer schneller mögliche Absatz im ‚Empire' bei. Die neuen Erfindungen konnten von der Mehrheit der Bevölkerung als Fortschritt freudig begrüßt werden. Zugute kam den Großindustriellen und Großkaufleuten die Freihandelslehre, nach der sich der Staat so wenig wie

1) E. Halévy, Histoire du peuple anglais au XIXe siècle, 1841—52, Paris 1947; J. Dodds, The Age of Paradox. A Biography of England 1841—1851, N. Y. 1952.

2) R. Lewis & A. Maude, The English Middle Class, N. Y. 1949.

3) 1838 wurde die Eisenbahnlinie zwischen London und Birmingham eröffnet; 1838 fuhren auch die ersten großen Dampfschiffe über den Ozean; 1839 wurde zur Hebung des Verkehrs die ‚Penny Post' eingeführt. In der zweiten Hälfte des 19. Jhs. beginnt dann der Siegeszug der Elektrizität.

möglich in die Wirtschaft einmischen sollte. Auf den Thesen von Adam Smith (vgl. S. 15) hatte sich die Nationalökonomie durch David Ricardo (1772—1823) und Thomas Malthus (1760—1834) zu einer selbständigen Wissenschaft mit der ,laisser faire'-Theorie erhoben, wodurch der Merkantilismus (II, 104) beendet war und die Regierung von nun an in eine stärkere Abhängigkeit zur Wirtschaft geriet. Wortführer des ,Free Trade'-Gedankens war vor allem Richard Cobden (1804—65). Er gründete 1838 in Manchester zur Abschaffung der die freie Entwicklung hemmenden Kornzölle die ,Anti-Corn Law League'[4]), deren Programm dann 1846 Sir Robert Peel (1788—1850) durchführte.

Richtungweisend für die nationalökonomischen Lehren, die das Wirtschaftsprogramm Englands für fast ein Jahrhundert festlegten, waren die Ansichten einiger Sozialreformer. Während der viktorianischen Periode kam der durch Jeremy Bentham (vgl. S. 48) begründete und durch James Mill (1773—1836) weitergeführte Utilitarismus zur Geltung, allerdings in einer von John Stuart Mill (1806 bis 1873) gemilderten Form, die dem Staat in einigen Dingen (z. B. Schulzwang, Kontrolle der Arbeitszeit, Regelung der Auswanderung) eine Beschneidung der Freiheiten des einzelnen zugestand. Im übrigen vertrat er in seinen Principles of Political Economy (1848) die auf dem Privateigentum gegründete Gesellschaftsordnung und den freien Wettbewerb, in dem der Stärkere siegen mußte, wenn er nicht durch den Zusammenschluß der Schwächeren gehemmt wurde.

Die Auffassung vom Stärkeren lief parallel den von Charles Darwin (1809—82) gewonnenen und in seinem Hauptwerk On the Origin of Species (1859) niedergelegten Erkenntnissen über die Abstammung und allmähliche Entwicklung der Menschen, von denen sich im Kampf ums Dasein die Tüchtigsten durchsetzten.

Auch die zahlreichen neuen Erfindungen trugen zu einer umwälzenden Änderung des Weltbildes bei. In diesem „naturwissenschaftlichen Zeitalter" sah man sich auf dem besten Wege, von festen Grundlagen aus mit dauerhaften Maßstäben alle Rätsel des Lebens lösen zu kön-

[4]) N. McCord, The Anti-Corn Law League, Ldn. 1958.

nen, und zwar dann, wenn man die für richtig erkannten Kausalgesetze auch auf die Geisteswissenschaften übertrug.

Die sich auf allen Gebieten des Gemeinschaftslebens auswirkenden mechanistischen Lehren und der damit verbundene, weit verbreitete Optimismus blieben aber nicht unwidersprochen. Von Oxforder Theologen — hauptsächlich von John Keble (1792—1866) — ging eine Bewegung aus, die sich mit Tracts for the Times (1833/42) gegen alle Verstandeslehren wandte, die bestehenden Kirchen ablehnte und um einer Verinnerlichung willen auf ein der wahren Frömmigkeit ergebenes Urchristentum zurückging. Diese stark von romantischen Gefühlen getragene ‚Oxford Movement' (‚Tractarianism') erhielt durch Edward B. Pusey (1800—82) eine Wendung zur hochkirchlichen (anglokatholischen) Staatskirche und fand mit dem Übertritt John H. Newmans (1801—90) zum Katholizismus 1845 ihr offizielles Ende, nachdem sie das Kultische neu gewertet und besonders den sozialen Sinn der Kirche geweckt hatte.

Noch individueller war der christliche Sozialismus — ein Tatchristentum — von einigen Kreisen der ‚Low Church' propagiert worden. Begründer dieser Bewegung war Frederick D. Maurice (1805—72), zum eigentlichen Träger machte sich Charles Kingsley durch seine Dichtung (vgl. S. 123 f.).

Von dem bereits in der Romantik allmählich aufkommenden und dann immer stärker werdenden sozialen Verantwortungsbewußtsein zeugten nach der erwähnten Emanzipation der Dissenter (1828) und Katholiken (1829) auch die der Juden (1858) und ferner alle Bestrebungen um eine Hebung der Bildung, nach der die Bürgerlichen mehr denn je verlangten. Infolgedessen nahmen nicht nur die privaten Initiativen zur Gründung neuer Schulen zu, sondern von 1832 an wurden auch laufend Staatszuschüsse für die öffentliche Erziehung bewilligt. Die Kunst des Lesen- und Schreibenkönnens sowie ein verbreitetes Interesse an den geistesgeschichtlichen Erscheinungen waren wesentliche Voraussetzungen für das literarische Schaffen während des Viktorianismus. Die Dichter und Schriftsteller mußten im Laufe des 19. Jhs. immer größere und vielseitigere Leser- und Hörermassen im Auge haben[5]). Nach der Gründung der Demokratie wurden auch die Künste in England, das bis 1870 rund 25 Millionen Einwohner zählte, demokratisiert.

Das Zentralthema der Literatur war der kulturhistorischen und geistesgeschichtlichen Entwicklung entsprechend die „soziale Frage", d. h. die Auseinandersetzung mit den durch die Industrialisierung für das Zusammenleben aller Individuen neu entstandenen Problemen: vor allem also die Beziehungen der verschiedenen Klassen zueinander, damit in engem Zusammenhang die Stellung des Menschen zum Weltall und sein letztes Wesen überhaupt. Das besagt nicht, daß alle während des Viktorianismus erschienenen literarischen Werke dieses Zeitalter bejahten. Im Gegenteil übten die bedeutendsten Dichter und Denker an ihm mehr oder weniger scharfe Kritik, so daß häufig die aus ihrer Zeit entstandenen Kunstwerke ein umgekehrtes Bild der Epoche vermitteln. Im allgemeinen stellte sich die Dichtung — wie die Wissenschaft — bewußt in den Dienst der praktischen Lebensaufgaben.

Innerhalb der Gesamtentwicklung der Literatur des Viktorianismus hebt sich — wie bei allen Perioden — eine Blütezeit von den vorangehenden und nachfolgenden Jahrzehnten ab. Die Übergänge vom Frühviktorianismus zur Blütezeit (c. 1850 bis c. 1870) waren aber so fließend, daß es sich empfiehlt, diese beiden ersten Abschnitte im Zusammenhang zu betrachten.

Im großen ganzen ist die viktorianische Literatur realistisch gerichtet, doch ging das Romantische, nachdem es sich im ersten Viertel des 19. Jhs. zur vollen Höhe entwickelt hatte, auch danach nicht verloren. Es bestand in einigen Werken in reiner Form weiter oder drang in manchen Zügen gelegentlich auch in realistische Werke ein.

A. Die Versdichtung

Zwar nahm die Prosa während des Viktorianismus den weitesten Raum ein; doch spielte die Versdichtung zur

[5]) R. Webb, Working Class Readers in Early Victorian England, ‚Engl. Historical Review' 65 (1950), 333 ff.

gleichen Zeit dem Umfang nach und auch wegen ihrer vielfältigen Formen eine größere Rolle, als ihr oft zugestanden worden ist. Im Gegensatz zu den Prosaisten gehörten die bedeutendsten Dichter zu der Gruppe, die positiv zu ihrer Zeit standen.

1. Die Bejaher des Viktorianismus

Ihr Hauptrepräsentant war der bereits vor Victorias Thronbesteigung an die Öffentlichkeit getretene Alfred Lord Tennyson[1]) (1809—92). Da sich die Kritik seinen ersten Gedichtsammlungen (vgl. S. 90) gegenüber ablehnend verhalten hatte, wartete er fast ein Jahrzehnt, ehe er zwei weitere Bände Poems[2]) (1842) publizieren ließ, von denen der erste hauptsächlich aus revidierten früheren Gedichten bestand, die jetzt ebensolche Anerkennung fanden, wie die seit 1833 hinzugekommenen. Von diesen führte die epische Verserzählung Morte d'Arthur wieder in den Artuskreis, schaute gelegentlich aber auch auf das moderne Leben. Auch Odysseus ist in Ulysses nicht mehr mit Homers Augen gesehen, sondern erscheint trotz seines Alters als willensstark und entschlußfreudig. Locksley Hall stellt gleichfalls ein Bekenntnis zur Tat dar und zeugt von des Dichters Glauben an die Fortschritte seiner Zeit.

Aus The Princess (1847), dem ersten seiner längeren Gedichte, spricht ein überzeugter Viktorianer, dem in seiner Kunst moralische, soziale und politische Aufgaben zufielen. Die „Prinzessin", die zunächst in der von ihr gegründeten, für alle Männer verbotenen Frauenakademie der Überzeugung lebt, „Wissen sei das Beste", verliebt sich in einen Prinzen, der sich in Mädchenkleidern eingeschlichen hat, und erkennt, daß es die wahre Bestimmung der Frau sei, „zu heilen und zu lieben".

Wegen seiner positiven Einstellung zum Viktorianismus und wegen der an ihm gerühmten dichterischen Eigenschaften wurde er 1850 als Nachfolger von Wordsworth (vgl. S. 53 ff.) zum ‚Poet Laureate' gemacht. Im glei-

1) Ch. Tennyson, Alfred Tennyson, Ldn. 1949; ders., Six Tennyson Essays, Ldn. 1954.
2) U. Carrington, Tennyson: Selected Poems, Ldn. 1956.

chen Jahre erschienen als In Memoriam A. H. H.[3]) (1850) 131 sonettähnliche Klagelieder über den frühen Tod eines Studienfreundes mit Meditationen über Tod und Leben, die noch von seinen ursprünglichen, durch neue Theorien hervorgerufenen Konflikten zwischen Glauben und Zweifeln und von einem so tiefen persönlichen Empfinden zeugen, wie es bei dem im ganzen geruhsam dahinlebenden Tennyson sonst selten festzustellen ist.

Als bezahlter Staatsdichter fühlte er sich verpflichtet, auch zu Tagesfragen und politischen Geschehnissen Stellung zu nehmen. Von seinen zahlreichen Vaterlandsgedichten ist The Charge of the Light Brigade (1854) — ein Loblied auf 600 Reiter, die bei einem Angriff während des Krimkrieges den Tod fanden — besonders populär geworden.

In den unter Maud (1855) zusammengefaßten Gedichten berichtet ein durch unerwiderte Liebe erkrankter Jüngling zunächst von seinem Leid und Wahnsinn, dann von seiner Heilung durch Kriegsdienst. Dabei werden auch die sozialen Verhältnisse der Zeit berührt. In diesem Bekenntnis zur Tat fürs Vaterland betrachtete der Dichter einige lyrische Einschübe als "the most touching of his works".

Sein Hauptwerk The Idylls of the King (1859, 1869 u. 1889) ging wieder auf Artus zurück und stellte in elf Erzählungen allegorisch die Kämpfe der Seele (= Artus) mit ihren Versuchern bis zum Tode und durch diesen zu neuem Leben dar. Die Geschichten beginnen mit der Geburt Arthurs in der Neujahrsnacht und folgen dann parallel dem Jahresablauf. Im Hochsommer z. B. wird von der sündigen und treuen Liebe Merlins[4]) und Viviens sowie Lancelots und Eleines berichtet. Der Heilige Gral zeigt Arthur und seine Ritter zur Zeit der Sommersonnenwende auf der Höhe der Macht. — Dem Dichter kam es darauf an, die alten romantischen Stoffe symbolisch für die Auseinandersetzungen in seiner Zeit zu verwenden. Die im Streit mit den bösen Mächten liegende edle Seele sollte auch aus dem sozialen Elend der Chartistenzeit er-

[3]) G. Hough, The Natural Theology of ‚In Memoriam', RESt 23 (1947), 244 ff.
[4]) G. Haight, Tennyson's Merlin, StPh 44 (1947), 549 ff.

retten. Nur sittliche Ordnung könne den Staat und die Gesellschaft vor dem Verfall bewahren. Die einer späteren Kritik gewaltsam erscheinende Verquickung des sehr alten Materials mit Gegenwartsfragen wurde von vielen Zeitgenossen positiv aufgegriffen.

Am volkstümlichsten von Tennysons längeren Dichtungen war jedoch Enoch Arden (1864), die ergreifende und etwas sentimentale Geschichte des Titelhelden, seines Schulfreundes Philip und der gemeinsamen ehemaligen Spielkameradin und späteren Geliebten Annie. Nach kurzer glücklicher Ehe mit dieser begibt sich Enoch, um seinen Kindern eine gute Erziehung angedeihen zu lassen, zum besseren Gelderwerb auf Reisen, erleidet Schiffbruch und wird auf eine einsame Insel verschlagen. Annie willigt nach sieben Jahren vergeblichen Wartens endlich um ihrer Kinder willen in eine Ehe mit Philip ein, die sich als glücklich erweist. Da kehrt Enoch zurück, beschließt nach harten Kämpfen das neue Familienglück nicht zu stören, und stirbt nach drei Tagen an gebrochenem Herzen.

Einige Gedichte (vgl. S. 139) vervollständigen sein Schaffen mit dem er sich bei den meisten Viktorianern — auch bei der Königin — großes Ansehen erwarb. Er galt als echter Patriot und als Sprecher derer, die in ihren Zweifeln nach Auswegen suchten und diese in Kompromissen von Gegensätzen zu finden glaubten. Dabei erwies er sich im ganzen als oberflächlicher Denker und Dichter ohne die Kräfte eines echten Lyrikers[5]). Seine Stärke lag in der Darstellung weiblicher Charaktere und in Schilderungen der Natur. Während Wordsworth diese in ihrer Schönheit als wirklicher Künstler empfand, betrachtete Tennyson sie auch realistisch mit ihren grausamen Seiten. Große Sorgfalt verwendete er auf die Form seiner Dichtungen. In der Exaktheit der Verse gilt er als vorbildlich. Er war bestrebt, Sinn und Laute in der Art von Keats einander anzupassen und benutzte als Wirkungsmittel häufig die Alliteration, die Lautnachahmung und den Kehrreim. In seinem Formenreichtum übertraf er die meisten englischen Dichter.

---

5) P. Baum, Tennyson Sixty Years After, Chapel Hill 1948.

Eines ähnlichen Ruhmes von der Mitte des 19. Jhs. an erfreute sich Robert Browning[6]) (1812—89), der als frühreifer Junge — angeregt durch Kriminal- und Intrigengeschichten — bereits mit zwölf Jahren zu dichten begann. Doch unterschied er sich so wesentlich von Tennyson, daß er einen ganz anderen Wirkungskreis hatte. Von Shelley her kommend, beschäftigte er sich mehr mit den Menschen als mit der Natur, und zwar häufig in schwer verständlicher Weise.

Auf seine frühe Blankversdichtung (vgl. S. 90) folgte die in 3000 heroischen Reimpaaren abgefaßte dunkle Seelenstudie Sordello (1840). Während sich im Hintergrunde der Konflikt zwischen den Welfen und Ghibellinen abspielt, sucht ein Troubadour aus Mantua seinen Weg zum richtigen Glauben und wartet auf Offenbarungen. Höher als dies scheint dem Dichter aber der von Leidenschaft gepackte und durch sie geläuterte Mensch.

Zwischen 1841 und 1846 erschienen von Browning sechs Dramen (vgl. S. 135) und zahlreiche lyrische sowie erzählende Gedichte, die alle noch einmal unter dem Titel Bells and Pomegranates (= „Blumenglocken und Granatäpfel") (1846) zusammengefaßt wurden. Davon stellen die Dramatic Lyrics (1842) und die Dramatic Romances and Lyrics (1846) eine dem Dichter am besten entsprechende Gattung dar. In dramatischen Monologen („Monodramas") werden Analysen des menschlichen Denkens, Fühlens und Wollens vorgenommen, um die seltsamsten Handlungen erklärlich zu machen. My Last Duchess (1842) ist eine ganze Renaissancetragödie in zusammengedrängter Form: ein Herzog von Ferrara berichtet, während er mit einem Gesandten über die Hand einer Grafentochter verhandelt, von dem Ende seiner ersten Frau. Sie mußte aus dem Leben gehen, weil sie ein allzu leicht zu rührendes Herz besaß und ihren aus altem Adel stammenden Gatten zu wenig vor anderen Männern auszeichnete.

6) B. Miller, Robert Browning: A Portrait, Ldn. 1952; J. Cohen, Robert Browning, Ldn. 1952; W. De Vane, A Browning Handbook, N. Y. ²1955; H. Duffin, Amphibian: A Reconsideration of Browning, Ldn. 1956; R. Pearsall u. a., Robert Browning: A Bibliography, ‚Cornell Studies in English' 39, Ithaca 1953.

Ganz unkompliziert ist ausnahmsweise der dramatische Bericht eines Reiters in How They Brought the Good News from Ghent to Aix (1845). Die rettende Nachricht gelangt im letzten Augenblick nach Aachen, nachdem zwei Pferde mit ihren Boten zusammengebrochen sind.

In The Tomb at Saint Praxed's Church (1845) ließ Browning aus dem Munde eines Bischofs die in diesem widerspruchsvoll scheinenden Gedanken darstellen. Als Prälat des 16. Jhs. ist dieser zunächst Priester, der über die Heiligen gut Bescheid weiß, daneben Mystiker und Künstler mit besten Kenntnissen über heidnische Sitten, schließlich Weltbürger und gelegentlich auch einfaches Individuum mit erheblichen menschlichen Schwächen. Dieses ‚Monodrama' gilt als Meisterstück psychologischer und historischer Einblicke.

Unter den bis 1846 publizierten Dichtungen finden sich auch kurze anspruchslose und gute lyrische Stücke wie z. B. Meeting at Night (1845), die Begegnung zweier Liebenden, oder Home-Thoughts, from Abroad (1845) mit dem Gedanken des inzwischen bis Rußland und Italien gereisten Dichters, daß die englische Frühlingslandschaft durch kein Stück Natur im Ausland übertroffen werden könne.

Von den vielen nach 1846 von Browning verfaßten längeren Dichtungen verdient Cristmas-Eve and Easter Day (1850) mit der Gegenüberstellung und Auseinandersetzung der verschiedenen Bekenntnisse herausgehoben zu werden, weil es aufschlußreich für des Dichters religiöse Einstellung ist, mit der er sich auch in späteren Gedichten beschäftigte. Das Ergebnis seiner abwägenden Untersuchungen ist weitgehende Duldung aller Bekenntnisse mit Ausnahme des düsteren Calvinismus (Caliban upon Setebos) und des überheblichen Atheismus (Bishop Blougram's Apology). Ganz im Sinne des Viktorianismus wandte er sich gegen eine dogmengebundene Religion und forderte praktische Menschenliebe.

In den 50 Gedichten Men and Women (1885) werden Leben und Werke berühmter Männer und Frauen dargestellt, wobei sich wieder günstige Gelegenheiten zu psychologischen Analysen der verschlungenen Gefühle und Gedanken von Einzelgängern ergaben.

Den Höhepunkt dieser Kunst erreichte Browning in seiner längsten und eigenartigsten Dichtung The Ring and the Book (1868/69), einer Art Epos in Blankversen, in dem ein Mordprozeß aus dem Jahre 1698 von zehn verschiedenen Seiten aus nachgezeichnet wird. Der Täter, ein Priester, die Sterbende und die Rechtsanwälte stellen den Sachverhalt nacheinander mit einem Stückchen Wahrheit dar, bis aus dem Munde des Papstes das „schuldig" gesprochen wird. Wie der Goldschmied durch Beimischung und Ausscheidung unedler Metalle allmählich zu einem reinen Ring gelangt, so tritt in der Gerichtsverhandlung durch Wegnehmen und Hinzutun allmählich die reine Wahrheit zutage. Sie kann nicht spitzfindig erdacht, sondern muß letzten Endes dem Suchenden durch Gott geschenkt werden. Das unaufgeklärte Dunkel ist nur eine Seite des Lebens, und zwar eine ebenso notwendige wie das Licht. Beides dient dem Reiferwerden der Menschen und damit deren Beziehungen zu Gott.

Diese optimistische Anschauung bewahrte sich Browning, wie die lange Reihe seiner noch während des Spätviktorianismus veröffentlichten Werke beweist (vgl. S. 139 f.), bis ans Ende des Lebens, das er von 1845 bis 1861 mit seiner Frau Elizabeth in Italien verbrachte, wohin es ihn immer wieder zog und wo er auch starb.

Das Gegensätzliche zu Tennyson drückt sich auch in der Sprache aus. Er besaß eine Vorliebe für einsilbige Wörter, harte Konsonantenfolgen und eigenwillige grammatische Konstruktionen. Statt geschliffener Verse schrieb er häufig prosaähnliche Zeilen.

Elizabeth Barrett-Browning[7] (1806—61) galt zwar schon als talentiert, bevor sie Robert Browning kennen lernte und mit ihm aus einem tyrannischen Elternhause nach Italien entfloh[8]), doch schrieb sie erst danach ihre besten Stücke. Nach ihrer romantischen Periode (vgl. S. 90) ver-

[7]) F. Winwar, Immortal Lovers: Elizabeth Barrett and Robert Browning: A Biography, N. Y. 1950; D. Hewlett, Elizabeth Barrett Browning: A Life, Ldn. 1953.

[8]) D. Kenmare, The Browning Love Story, N. Y. 1957.

faßte sie eine Reihe sozialer Gedichte, von denen The Cry of the Children (1843) das bekannteste wurde. Hier empfand sie das Schicksal der in den Fabriken arbeitenden bleichen, abgemagerten und traurigen Kinder, die weder Natur noch Gott kennen und als Sklaven in einem England, das sich frei nannte, vegetieren mußten.

Mit diesen und ähnlichen Gedichten folgte sie einer in den 20er Jahren begonnenen Gattung (vgl. S. 90) und befand sich auf derselben Ebene mit dem im gleichen Jahre erschienenen The Song of the Shirt (1843) und The Bridge of Sighs (1844) von Thomas Hood (1799—1845). Das erste schildert drastisch die unwürdigen Verhältnisse einer Heimnäherin, das zweite stellt das Ende eines der vielen lebensüberdrüssigen Mädchen der damaligen Zeit dar.

Elizabeth Barrett-Brownings nächste Schaffensperiode stand unter dem Eindruck ihrer Liebe und Dankbarkeit gegenüber ihrem Gatten, der sie wie ein Märchenprinz aus niederdrückender Umgebung gerettet hatte. Ihm waren 44 Sonnets from the Portuguese (1847) gewidmet, in denen erstmalig eine englische Dichterin als Liebende und Geliebte ihre persönlichsten Gefühle zum Ausdruck bringt. In Italien verfaßte sie aus ihrer mit der Freiheitsbewegung sympathisierenden Haltung die Gedichtsammlungen Casa Guidi Windows (1851) und Poems before Congress (1860), für die in England das Verständnis fehlte.

Inzwischen erschien ihre längste Versdichtung Aurora Leigh (1857), wo eine Waise unter Verwendung von autobiographischem Material ihren Liebesroman erzählt und dabei ethisch-soziale, literarische und frauenrechtlerische Erörterungen allzu stark einbezieht. Auch hier zeigte sich, daß ihre dichterischen Fähigkeiten ursprünglich zu hoch eingeschätzt worden waren.

Neben den voraufgehend erwähnten bedeutsamsten Dichtungen steht eine große Zahl von Versen kleinerer Talente, welche die Viktorianer laufend in den vielen Zeitschriften mit den gewünschten anspruchslosen Gedichten in sehr verschiedenen Formen versorgten. Diese Tatsache darf für die richtige literarhistorische Beurteilung der Zeit nicht aus den Augen verloren werden, vor allem nicht angesichts der auch hin und wieder zu Wort kommenden Skeptiker und Kritiker unter den Versdichtern während des Früh- und Hochviktorianismus.

2. Die Skeptiker und Kritiker

Zu diesen gehörte in erster Linie Matthew Arnold[9]) (1822—88). Da er sich als Sohn des berühmten Pädagogen und Leiters von Rugby abseits vom vorherrschenden Zeitgeist hauptsächlich klassischen Themen zuwandte, fand er nur einen kleinen Interessentenkreis. Wie sein Vater, so wollte auch er erzieherisch wirksam sein zum Wohle eines neuen, allem Maschinellen abholden Menschentums, dessen Grundlage er im Hellenismus zu erkennen glaubte[10]). Dabei setzte er alle Hoffnungen auf die Mittelklassen, die dazu herangebildet werden müßten, ihr „Philistertum" aufzugeben.

Er begann seine dichterische Tätigkeit[11]) mit der Sammlung The Strayed Reveller, and Other Poems (1849), in der To a Friend den erblindeten Homer und den lahmen Epiktet besingt — also seine Vorliebe für die klassische Literatur zeigt. Quiet Work stellte die Ruhe in der Natur dem rastlosen Menschen voran und In Harmony with Nature appellierte an diesen, jene zu überwinden und mehr im Sinne der Humanitas zu leisten. Daß ihm selbst die Antike dann doch nicht die zur Meisterung des Lebens nötige Grundlage zu geben vermochte, beweist die Haltung des Skeptikers in Empedocles on Etna and Other Poems (1852), seinem zweiten Gedichtbändchen, das

---

9) E. Chambers, Matthew Arnold: A Study, Oxf. 1947; L. Bonnerot, Matthew Arnold, Poète. Essai de Biographie Psychologique, Paris 1947; E. Brown, Matthew Arnold: A Study in Conflict, Chicago 1948; J. Jump, Matthew Arnold, Ldn. 1955.

10) W. Connell, The Educational Thought and Influence of Matthew Arnold, Ldn. 1950; L. Borinski, Matthew Arnolds Idee einer europäischen Bildung, DNSpr. 1955, 49 ff.

11) G. Müller-Schwefe, Das persönliche Menschenbild Matthew Arnolds in der dichterischen Gestaltung, Tübingen 1955; P. Baum, Ten Studies in the Poetry of M. Arnold, Cbr. 1958; L. Trilling, Matthew Arnold, N.Y. 1949; ders. (ed.), The Portable Matthew Arnold, N.Y. 1949; W. Buckler, Matthew Arnold's Books: Toward a Publishing Diary, Genf 1958.

wegen seiner lebensmüden Stimmung zurückgezogen werden mußte. Ebensowenig konnten ihm das in seiner dritten Sammlung von Poems (1853) zu Wort kommende Mittelalter und die nordische Welt einen Halt geben. In The Scholar-Gipsy (1853) zieht ein Suchender mit den Zigeunern, um möglicherweise bei ihnen Lebensweisheit zu lernen und dann der Welt zu verkünden.

Auch in den folgenden Gedichtbänden Poems, Second Series (1855) und New Poems (1867) stellte er den Zweifel in den Mittelpunkt. Arnold sah die derzeitige Welt in einem Übergangsstadium und träumte von einer neuen sozialen Ordnung, ohne aber gangbare Wege weisen zu können. Insofern steht er resigniert am Ende der Blütezeit des Viktorianismus.

Noch unsicherer war der mit ihm geistig verwandte Arthur H. Clough[12]) [kluf] (1819—61). In The Bothie of Tober-na-Vuolich (= „Die Hütte von T.") (1848) wird die Liebe eines radikalen Denkers zu einem Hochlandmädchen erst von dem Augenblick an erwidert, als er davon spricht, die Gesellschaft in der Heimat zu verlassen und auszuwandern. Das ebenfalls in Hexametern komponierte längere Gedicht Amours de Voyage (1849; publ. 1858) läßt zwar den Wunsch zum Handeln, aber gleichzeitig Zweifel an der Wirksamkeit erkennen. Ein ruheloser Kunststudent trennt sich von seiner Geliebten. Von der gleichen tiefen Unrast und von der Skepsis gegenüber den Konventionen der Zeit — auch im Religiösen — zeugen einige Verserzählungen sowie die in Venedig begonnenen und erst nach Cloughs Tode veröffentlichten Analysen über Goethe und Byron Dipsychus (1850; publ. 1862).

Diesem Zeitabschnitt gehören noch die ersten beiden Gedichtsammlungen von George Meredith[13]) (vgl. S. 149 f.) an, der mit seiner heftigen Kritik am Viktorianismus und seinen Vorschlägen besser der nächsten Periode zuzurechnen ist. Die seit 1848 von ihm veröffentlichten und dann als Poems (1851) zusammengefaßten frühesten Gedichte lehnen sich gegen die vorherrschenden Ansich-

---

[12]) H. Lowry u. a. (ed.), The Poems of Arthur Hugh Clough, Oxf. 1951.

[13]) G. Trevelyan (ed.), Selected Poetical Works of George Meredith, Ldn. 1955.

ten, vor allem gegen die Überbewertung des Rationalen, auf. Sein zweites großes Thema — die Unterschiede der Leidenschaften als Trennungsursache der Partner — wird in den sonettähnlichen Gedichten von je 16 Zeilen Modern Love (1862) vorgezeichnet, die auf des Dichters Erfahrungen mit seiner ersten Frau basieren.

B. Die Prosa

Mit dem Viktorianismus begann das Zeitalter der Prosa, weil im Laufe des 19. Jhs. das Bedürfnis zum Sprechen und Lesen immer größer wurde[1]). Dem versuchte eine ständig wachsende Zahl von Druckerpressen und Verlegern gerecht zu werden. Auch kamen zu den während der Romantik bereits entstandenen ‚Magazines', ‚Gazettes' und ‚Reviews' laufend neue von sehr verschiedener Lebensdauer hinzu, unter denen der 1841 gegründete ‚Punch' mit seinem den Engländern entsprechenden Humor besondere Beachtung verdient.

Den größten Teil des Lesepublikums stellte in steigendem Maße das Bürgertum, das infolgedessen auch maßgeblich die Themen und die Arten der Darstellung bestimmte. Da es sehr verschieden interessierte Kreise gab, bildeten sich auch mannigfache Prosagattungen und -formen heraus. Wie in der Verskunst, so standen sich unter den Prosaisten die ihr Zeitalter bejahenden und die es mehr oder weniger kritisierenden gegenüber. Zur letzteren Gruppe gehörten gerade einige der tiefsten Denker und bedeutendsten Künstler, so daß von der ästhetischen Wertung aus leichter als bei anderen Epochen ein schiefes Bild über den tatsächlich vorherrschenden Geist der Zeit entstehen könnte, falls man sich nicht wenigstens gelegentlich der Fülle der zweitrangigen, aber weitverbreiteten und infolgedessen stark wirksamen Literatur erinnert.

1. Historiographie und Kunstgeschichte

Zu den einflußreichsten englischen Persönlichkeiten des 19. Jhs. gehörte der aus einer schottischen Familie stam-

[1]) M. Sadleir, XIX Century Fiction, A Bibliographical Record, 2 Bde., Cbr. 1951.

mende und streng calvinistisch erzogene Thomas Carlyle[2]) (1795—1881). Nachdem er während des Vorviktorianismus mit Übersetzungen aus dem Deutschen, mit einer Biographie über Schiller und seiner kuriosen Kleiderphilosophie an die Öffentlichkeit getreten war (vgl. S. 93 f.), beschäftigte er sich mit der Historiographie[3]) und gelangte zu einer bisher unbekannten Geschichtsauffassung. In The French Revolution (1837) sah er eine von Gott herbeigeführte, notwendige Vergeltung an den Bedrückern der Armen. In den nächsten Jahren, die hauptsächlich mit Vorträgen über literar- und kulturhistorische Themen ausgefüllt waren, kam er zu einer Hochwertung der Persönlichkeit und ihrer Bedeutung für die Geschichte: On Heroes, Hero Worship, and the Heroic in History (1841) legte die Überzeugung dar, daß ein Fortschritt nur durch große Männer erfolge, die das Geheimnis des Alls erschauten und durch ein wahres und echtes Leben (,sincerity') zu Gesetzgebern ihrer Zeiten für die Welt würden. Die ,heroes' seien gleichsam die Symbole des Ewigen, dessen Aufträge sie erfüllten. Das könne jedoch nur unter der Voraussetzung geschehen, daß die Heldenverehrung zu den edlen Naturanlagen der Menschen gehöre.

Damit stellte Carlyle der materialistischen Nützlichkeitslehre (vgl. S. 96) eine neue, der Romantik weithin verpflichtete Auffassung entgegen, die auch seine folgenden Werke durchzieht. In Past and Present[4]) (1843) verglich er das durch einen einheitlichen Glauben beherrschte mittelalterliche Leben im Kloster St. Edmund's mit der zerrissenen Gegenwart und zog die Schlußfolgerung, daß es möglich sei, den Scheinglauben durch den echten Glauben zu ersetzen, um dadurch den immer größer werdenden Egoismus und die Skepsis überwinden zu können. Von welcher Macht ein starker Glaube sein könne, wollte er alsdann in Oliver Cromwell's Letters and Speeches (1845) unter gleichzeitiger Aufwertung des bis dahin gering eingeschätzten Crom-

---

[2]) F. Lea, Carlyle: Prophet of To-Day, Ldn. 1945; D. Gascoyne, Thomas Carlyle, Ldn. 1952; J. Symons, Thomas Carlyle: The Life and Ideas of a Prophet, Ldn. 1952.

[3]) G. Trevelyan, Carlyle: An Anthology, N. Y. 1953.

[4]) G. Calder, The Writing of ,Past and Present', ,Yale Studies' 112, New Haven 1949.

well aufzeigen. Er betrachtete diesen als Gottes Werkzeug mit der Mission, das Gesetz der Bibel auf Erden zu verwirklichen. Carlyles umfangreichstes Werk war die nach 13jährigen Vorarbeiten[5]) als The History of Frederick the Great (1858/65) erscheinende Geschichte Friedrichs II., in dem er den größten König sah, der als wahrer Held in unheldischer Zeit eine für die Deutschen bis dahin unbekannte Macht bedeutete.

Wie früher, so gelangen dem Autor auch hier die ausführlichen Zeit- und Sittenschilderungen gut. Sein Stil ist von Anfang an gekennzeichnet durch einen Reichtum an Wörtern, von denen er die akzentuierten durch große Anfangsbuchstaben heraushob, ferner durch zahlreiche abgehackte Sätze und häufige Ausrufe, die seine Darstellung sehr lebendig machen. Er konnte oft ironisch, aber auch wirklich humorvoll sein. Wenngleich die Zeit als ganzes über ihn hinwegging, so übte er doch bis ins 20. Jh. einen starken Einfluß auf einzelne Denker aus.

Thomas B. Macaulay (1800—59) war dagegen der typische Repräsentant der viktorianischen Geschichtsauffassung. Deshalb war der Erfolg seiner History of England from the Accession of James II (1848/61) so groß, daß beim Erscheinen des ersten Bandes in zehn Tagen 3000 Exemplare verkauft wurden. Der Autor hatte es verstanden, seine positive Einstellung zu den damaligen Errungenschaften übersichtlich gegliedert und geschickt gemischt mit philosophischen und künstlerischen Betrachtungen im Sinne des von den Whigs vertretenen protestantisch-liberalen Standpunkts darzulegen. Dabei vermied er — im Gegensatz zu Carlyle — alles Mystische und sprach die Durchschnittsengländer in klarem, lebendigem und sehr bildhaftem Stil an.

Von ganz anderer Art war wiederum die Geschichtsschreibung Henry Th. Buckles (1821—62). In seiner History of Civilization in England (1857—61) machte er den Versuch, alle mit der Persönlichkeit verbundenen Faktoren auszuschalten und die Geschichte als Ablauf von allgemeinen und speziellen Naturgesetzen zu sehen. Damit folgte er der positivistischen Betrachtungs-

[5]) R. Brooks, Thomas Carlyle: Journey to Germany, New Haven 1940.

weise Auguste Comtes (1798—1857), dem ja auch John St. Mill (vgl. S. 96) verpflichtet war.

James A. Froude [u:] (1818—94) betonte wiederum gerade — wie Carlyle — den Einfluß großer Männer im Ablauf der Geschichte, die für ihn als Künstler episches und dramatisches Geschehen war. Seine 12bändige History of England (1856/70), die fast ebenso volkstümlich wurde wie die von Macaulay, versuchte zu beweisen, daß der Protestantismus England frei gemacht habe.

Im ganzen fehlte es den Historiographen des Viktorianismus noch an einer unvoreingenommenen Geschichtsauffassung. Es blieb dem kommenden Zeitabschnitt vorbehalten, bis zu einer objektiven, wissenschaftlichen Art der Darstellung vorzudringen.

In diesen Abschnitt soll noch John Ruskin[6]) (1819—1900) einbezogen werden, weil er von einem Teilgebiet der Geschichte her die gleiche Mission wie Carlyle erfüllen wollte. Grundlegend für seine späteren Folgerungen war die im 5bändigen Modern Painters (1843/60) niedergelegte Ansicht, daß eine geistige Gesundung nur durch den richtigen Kontakt zwischen den menschlichen Herzen und der elementaren Natur erfolgen könne[7]), wie das in der Malerei durch William Turner (1775—1851) endlich versucht, aber von den Zeitgenossen leider nicht verstanden worden sei. Naturwahrheit ist letzten Endes auch das Thema in seinen beiden kunstgeschichtlichen Werken The Seven Lamps of Architecture (1849) und The Stones of Venice (1851/53). Die schönen, aufwärtsstrebenden gotischen Bauwerke seien das Ergebnis einer Gemeinschaft, in der Künstler und Handwerker von derselben großen Idee und aus dem gleichen Lebensgefühl beseelt worden wären, während es sich bei der Renaissance um eine künstliche Wiederbelebung erstarrter Formen in einer Zeit mit neben- und gegeneinander stehenden Klassen handle. Wahre Kunst

---

[6]) P. Quennell, John Ruskin: The Portrait of a Prophet, Ldn. 1949; J. Evans, John Ruskin, Ldn. 1954; J. Evans & J. Whitehouse (ed.), The Diaries of John Ruskin, Oxf. 1957.

[7]) F. Townsend, Ruskin and the Landscape Feeling, ‚Illinois Studies in Language and Literature' 35, Urbano 1951.

entstehe nur aus einheitlichem Wollen. Sie sterbe, wenn sie sich vom natürlichen Leben, das nur in einer einheitlichen Nation gewährleistet sei, trenne. So sah auch Ruskin — wie Carlyle — im Mittelalter das Vorbild für das richtige, nach allen Seiten durch Gemeinschaftsarbeit fruchtbare Leben.

Von der durch die Kunstgeschichte und -kritik gewonnenen Basis aus stellte er dann seine Forderungen an die Gesellschaft und den Staat. Er selbst hielt vier unter dem Titel Unto this Last (1862) zusammengefaßte Aufsätze zu einer neuen Wirtschaftsethik für das Beste und Nützlichste, das er geschrieben habe. Im Interesse der Entwicklung zur wahren Gemeinschaft forderte er staatliche Betreuung der Schulen sowie Fürsorge für Arbeitslose und Alte. Nur solcher Reichtum sei sittlich zu verantworten, der aus echter Gemeinschaft, nicht aber aus dem Egoismus einzelner entstünde. Damit wandte sich Ruskin gegen die vordringende ‚laisser faire'-Theorie (vgl. S. 96). Die gegen die Zeit gerichteten Auffassungen verbreitete er dann in einer Reihe weiterer sehr anschaulicher Schriften[8]), von denen wenigstens Munera Pulveris (1862/63) genannt sein soll. In anderen Aufsätzen bemühte er sich, Arbeitsfreude durch Beachtung des ästhetischen Moments zu wecken. Dadurch regte er zum Kunsthandwerk sowie zur Gartenstadt- und Landschulheimbewegung an.

2. Essays und Reisebücher

Der Lust am Plaudern und dem starken Bedürfnis, über alles unterrichtet und gebildet zu werden, was sowohl den Alltag in der Heimat als auch das Leben in fernen Ländern betraf, kamen die vielen Essays und Reisebücher dieser Zeit nach. Die zahlreichen ‚Magazines' etc. (vgl. S. 74 f.) bildeten auch für diese Literaturgattungen wesentliche Voraussetzungen. Die Essayisten konnten direkt an ihre Vorgänger in der Romantik (vgl. S. 75 f.) anknüpfen. Eine Verschiebung trat jedoch insofern ein, als das rein Subjektive zurücktrat zugunsten dessen, was die realen Verhältnisse außerhalb der eigenen Person, d. h. hauptsächlich die sozialen Fragen, betraf.

---

[8]) P. Quennell, Selected Writings of John Ruskin, Ldn. 1952.

Für Leigh Hunt (vgl. S. 75) war keine Umstellung erforderlich. Er setzte unermüdlich seine für verschiedene Zeitschriften verfaßten Beiträge, durch die er Lebensfreude weckte, fort. In seinen Stories from Italian Poets (1846) schrieb er über die italienische Renaissance. Men, Women, Books (1847) und A Jar of Honey from Mount Hybla (1848) faßten seine verstreut erschienenen Essays über mannigfache Themen zusammen. In The Town (1848) plauderte er im Besonderen über London, wie es z. T. auch von Dickens geschah.

Seiner humorvollen und mit Anekdoten gespickten Art gegenüber wirken die Essays von Thomas B. Macaulay (vgl. S. 110) sehr ernst. Als bereits erwähnter Historiograph lag es in seinem Lieblingsbereich, sich über geschichtliche Persönlichkeiten zu äußern (z. B. Warren Hastings und Lord Clive). Doch schrieb er auch über Dichter (z. B. Milton, Byron, Bunyan), und zwar wieder in klarem, die Viktorianer ansprechenden Stil, so daß seine Beiträge ebenso gern gelesen wurden wie sein Hauptwerk.

Von Matthew Arnold (vgl. S. 106 f.) wurde der Essay noch weiter zum Mittel der Kritik ausgestaltet. In seinen ersten Essays in Criticism (1865) (eine zweite Sammlung folgte 1888) vertrat er die Meinung, daß die Dichtung besonders in kritischen Zeiten — ebenso wie die Religion — Trost und Kraft spenden müsse. Allerdings könne das nur, wie er in seinen Vorlesungen On Translating Homer (1861/62) darlegte, durch eine Dichtung geschehen, die sich — wie vor allem die griechische — durch Ideengehalt, lebensbejahenden sittlichen Ernst und poetischen Stil (‚grand style') auszeichne. Zur bereitwilligen Aufnahme solcher Dichtung zu erziehen, sei Aufgabe der Kritik und des Staates.

Aus der Fülle der anderen Essayisten dieses Zeitabschnitts mögen Dr. John Brown (1810—82) wegen seiner ansprechenden Hundegeschichten in Rab and his Friends (1859) und Alexander Smith (1830—67) mit den Sammlungen Dreamthorpe (1863) und Last Leaves (1863) genannt werden.

Was das Leben in fernen Ländern betraf, so interessierten neben den Tatsachenberichten der Entdecker und Erforscher fremder Erdteile (W. G. Palgrave, D. Livingstone, Sir H. M. Stanley, J. H. Speke u. a.) ebenso die Erzählungen aus bereits bekannten Ländern. Alexander W. Kinglake (1809—91) setzte mit Eöthen (1844) die Tradition fort (vgl. S. 72), humorvoll von der Begegnung mit dem Orient und den dabei entstehenden seltsamen Situationen zu plaudern. Robert Curzon (1810—73) berichtete in Monasteries of the Levant (1849) von der Suche nach alten Handschriften. Sir Austen H. Layard (1817—94) erzählte in Discoveries at Nineveh (1851) von ärchäologischen Bemühungen, und der Übersetzer von „1001 Nacht", Sir Richard Burton (1821—90), schilderte in A Pilgrimage to Al-Medinah and Meccah (1855) seine Heldentaten.

Am fruchtbarsten in der Darstellung von Reiseerlebnissen war der viel in Europa als Angestellter der Britischen Bibelgesellschaft herumgekommene George Borrow[9]) (1803—81). The Zincali (1841), The Bible in Spain (1842), Lavengo (1851) und The Romany Rye (1857) gaben seine Erlebnisse mit Zigeunern und anderen außerhalb der Volksgemeinschaften lebenden Menschengruppen fesselnd in einer Mischung von Tatsächlichem und Erdichtetem wieder.

Abschließend seien die in losem Zusammenhang mit Reiseberichten stehenden Kinderbücher des Oxforder Mathematikers Charles L. Dodgson[10]) (1832—98) genannt, die dieser ursprünglich aus einer Laune zum Vergnügen seiner kleinen Nichten erdichtet hatte und unter dem Pseudonym Lewis Carroll als Alice in Wonderland (1865) und Through the Looking-Glass (1871) veröffentlichte. In beiden erzählt der Verfasser die wundersamen Reisen und Erlebnisse von Kindern, wobei sich aus logischer Konsequenz merkwürdiger, aber amüsanter Unsinn[11]) ergibt, durch den gleichzeitig manche

---

9) M. Armstrong, George Borrow: The English Novelist, Ldn. 1950; E. Bigland, In the Steps of George Borrow, Ldn. 1951; B. V. Gerold, Gypsy Borrow, Ldn. 1953.

10) F. Lennon, Lewis Carroll, Ldn. 1947; H. Gernsheim, Lewis Carroll, Photographer, Ldn. 1949; A. Taylor: The White Knight, A Study of C. L. Dodgson, Edinb. 1952; D. Hudson, Lewis Carroll, N. Y. 1954.

11) E. Sewell, The Field of Nonsense, Ldn. 1952; A. Schöne, Humor und Komik in Lewis Carrolls Nonsense-Traummärchen. ‚Dt. Vierteljahrsschrift' 28 (1954), 102 ff.

Erscheinungen des Viktorianismus parodiert werden sollten.

3. Der Roman

Trotz des Umfangs und der Verschiedenartigkeit der Versdichtung sowie der Essays bleibt der Roman die für den Viktorianismus charakteristischste literarische Gattung. Sie konnte sich zur vollen Blüte entfalten, nachdem die Voraussetzungen dafür seit Daniel Defoe (II, 132 ff.), während des 18. Jhs. (II, 2. Kap. B 3) und während der Romantik (vgl. S. 68 ff.) in verschiedenen Romanarten geschaffen worden waren. Als ebenso wichtig erwiesen sich — wie für die Essays — die zahlreichen Zeitschriften und die damit in engstem Zusammenhang stehende Leselust immer weiterer Bevölkerungskreise. Hierdurch und durch die aufkommende Sitte, die Autoren zu Vorlesungen aus ihren Werken einzuladen, wurden die Romane geradezu eine demokratische Angelegenheit.

Da sie üblicherweise zunächst in Lieferungen erschienen, mußten sich ihre Autoren auf die laufende Abfassung nach Kapiteln einstellen, ohne immer das Ganze im Auge zu haben. Das hatte im allgemeinen einen nur lockeren Aufbau zur Folge und prägte Eigenarten aus, die eine spätere Kritik als Mängel aufzeigte.

Wegen der verhältnismäßig kurzen Tradition in der Romanschreibung konnte bei den Themen, Figuren und Darstellungsweisen frei experimentiert werden. Bevorzugt wurden — parallel zur sozialen Umschichtung — Schilderungen aus dem Leben der ‚middle classes' und des ‚low life'. Unter den zahlreichen Formen knüpften drei an die Tradition an: die Sensationsromane hatten die ‚Gothic Novels' (vgl. S. 37 ff.) zu Vorläufern, die historischen Romane folgten Scotts Spuren (vgl. S. 69 ff.), und die Sittenromane setzten die hauptsächlich von Frauen vertretenen ‚novels of manners' (vgl. S. 72 ff.) fort.

Den Themen nach könnte von Gesellschafts-, See-, Kriegs-, Kriminal-, Künstler- und vielen anderen Romanen gesprochen werden. Als übersichtlichstes Einteilungsprinzip empfiehlt sich hier, von den repräsentativsten Dichterpersönlichkeiten auszugehen und soweit wie möglich jeweils die von diesen bevorzugte Romangattung in den Vordergrund zu rücken. Auf diese Weise ergeben sich vier Abschnitte um Dickens, Kingsley, Thackeray und Eliot.

a) Dickens und seine Schule

Charles Dickens[12]) (1812—70) wurde auf einer kleinen Insel im Hafen von Portsmouth als zweiter Sohn (von im ganzen acht Geschwistern) eines Angestellten des Marinezahlamts geboren, verlebte in Chatham eine kurze unbeschwerte Kindheit, mußte 1822, nachdem sein Vater ins Schuldgefängnis eingeliefert worden war, niedrigste Arbeiten in einer Schuhwichsfabrik verrichten und wurde 1827 Schreiber bei einem Rechtsanwalt und 1831 Berichterstatter im Parlament für verschiedene Zeitungen. Er ging 1836 eine Ehe ein, die 1858 geschieden werden mußte[13]), begann 1841 eine lange Reihe von Reisen, die ihn auch zweimal nach Amerika (1842 und 1867/68) führten, und starb in einem eigenen komfortablen Hause in der Nähe von Chatham.

Schon in seinen vorviktorianischen Veröffentlichungen (vgl. S. 94) gehörten heitere Szenen und Figuren aus dem Alltagsleben der kleinen Leute, Verblüffendes, Spannendes und auch Phantastisches oder gar Unmögliches — mit Humor, Komik und Optimismus breit erzählt — zu Dickens' beachtenswertesten Eigenarten, die auch die meisten seiner folgenden 13 langen, etwa 20 kürzeren und zahlreichen kleinen literarischen Schöpfungen auszeichnen. Bis in die 40er Jahre fühlte er sich immer wieder angeregt durch die Verhältnisse und Personen, wie er sie in seinen Kindheits- und Jugendjahren („Biedermeierzeit") vorgefunden hatte, und prangerte gewisse Übelstände an, um das Bürgertum, von dessen kulturellem Wert er überzeugt war, zu deren Abstellung zu bewegen.

---

12) H. Pearson, Dickens: His Character, Comedy, and Career, N. Y. 1949; J. Lindsay, Charles Dickens, N. Y. 1950; R. Cruikshank, Charles Dickens and Early Victorian England, N. Y. 1950; E. Johnson, Charles Dickens: His Tragedy and Triumph, 2 Bde., Ldn. 1953; M. Harrison, Charles Dickens: A Sentimental Journey in Search of an Unvarnished Portrait, Ldn. 1953; W. Bowen, Charles Dickens and His Family, Cbr. 1956.

13) E. Johnson, The Heart of Charles Dickens, N. Y. 1952.

In The Adventures of Oliver Twist[14]) (1837/38) trifft der im Arbeitshaus geborene Oliver mit der Londoner Unterwelt der Diebe und Hehler zusammen und muß als schutzlose Waise die Auswirkungen des 1834 erlassenen ‚New Poor Law' erfahren, bis er nach vielen Abenteuern zufällig von Verwandten aufgefunden wird. Die Schuldigen erhalten ihre verdiente Strafe, Oliver konnte trotz aller Heimsuchungen sein reines Herz bewahren und wird ein ordentlicher Bürger.

Mißhandlungen von Kindern — und zwar in vielen Privatschulen — ist auch das Thema in Life and Adventures of Nicholas Nickleby (1838/39). Der 18jährige Nicholas macht als Hilfslehrer dem unwürdigen Treiben des tyrannischen Schulleiters Squeers dadurch ein Ende, daß er diesen niederschlägt. Er befreit seine Schwester aus den Händen der zudringlichen Sir Hark und Lord Verisopht, stiftet noch vieles andere Gute und bringt es nach manchen Abenteuern zu Wohlstand, während die schlechten Menschen nach verwickelten Handlungen zugrunde gerichtet werden.

Die hier gelegentlich anklingende Sentimentalität wird dann unterstrichen in The Old Curiosity Shop (1840/41). Durch den unbarmherzigen Geldgeber Quilp wird Nells Großvater so in die Enge getrieben, daß er mit der kleinen Nichte seinem Raritätenladen entflieht und ziellos von Ort zu Ort wandert. Als sie endlich bei einem Dorflehrer Ruhe finden, ist Nell so geschwächt, daß sie nach einigen Tagen stirbt.

Mit Barnaby Rudge (1840/41) wandte sich Dickens erstmals dem historischen Roman zu, verband damit aber auch wieder eine Anklage gegen die eigene Zeit. Während der 1780 gegen die Katholiken stattfindenden Aufstände (‚Gordon Riots') wird ausgerechnet Barnaby, der am wenigsten gehetzt hatte, gefangen genommen und zum Tode verurteilt. Nur durch einen Zufall kann der Unschuldige vor der vorschnellen Vollstreckung des Urteils gerettet werden.

The Life and Adventures of Martin

---

14) A. Lucas, Oliver Twist and the Newgate Novel, ‚Dalhouse Rev.' 34 (1954), 381 ff.

Chuzzlewit[15]) (1843/44) zeugt von der Enttäuschung des Autors während seiner ersten Amerikareise (1842). Der von dem krankhaft mißtrauischen Großvater zur Auswanderung nach Amerika getriebene Martin kehrt nach kurzer Zeit aus Abscheu vor dem Dünkel, der Geldsucht und der Beschränktheit des amerikanischen Bürgertums zu seinem Großvater zurück, der inzwischen die guten Eigenschaften seines Enkels und die Heucheleien seines langjährigen Ratgebers Pecksniff erkennen mußte.

Während dieser von Nebenhandlungen überwucherte Roman von Dickens nur wenig Zuspruch fand, hatte der Dichter einen ungeahnten Erfolg durch seine erste Weihnachtsgeschichte A Christmas Carol in Prose (1843), in der er den verhärteten und griesgrämigen Scrooge durch die Erinnerung an seine Kindheit, durch das Erscheinen des Geistes des ehemaligen Geschäftspartners und durch eine Vision über seine Zukunft sich zu einem hilfsbereiten Menschen wandeln läßt. Die auch in späteren Weihnachtsgeschichten — z.B. The Chimes und The Cricket on the Hearth — vorgenommene Verquickung des Spukhaften, der Stimmen aus dem Jenseits und des Nützlichkeitsdenkens vieler Zeitgenossen sprach so an, daß unerwartet viel für Arme und Hilfsbedürftige gespendet wurde. Das war geeignet, des Verfassers Glauben an die Herzensgüte zahlreicher Bürger zu stärken, hinderte jedoch nicht, seinen Blick für die gleichzeitig immer krasser in Erscheinung tretenden Übel zu schärfen.

So begann Dickens in den ‚hungry forties' (vgl. S. 95) mit Dombey and Son (1847/48) eine neue Art Romanschreibung. Straff um die Zentralgestalt des reichen, stolzen und hochmütigen Londoner Kaufmanns Dombey gruppiert, gestaltete er die Charaktere tiefer als bis dahin: Dombey selbst, seine beiden Frauen, von denen die zweite von einem Buchhalter entführt wird, die von ihm verstoßene Tochter und seinen dahinsiechenden Sohn. Angeprangert wurden nicht bloß einzelne Mißstände; vielmehr setzte sich Dickens mit allgemeinen politischen und sozialen Fragen auseinander und begann damit die Reihe von Gegenwartsromanen.

15) H. Stone, Dickens' Use of His American Experiences in ‚Martin Chuzzlewit', PMLA 72 (1957), 464 ff.

Zwischen diesen kehrte er jedoch mehrmals zur Biedermeierzeit zurück. Im alten Stil erschien sein Meisterwerk David Copperfield (1849/50), eine Art Autobiographie, in der die Geschichte des heranwachsenden David so vorgegeben war, daß hier das geschlossenste Werk des Autors mit den lebendigsten Kapiteln und besten Figuren entstehen konnte.

Der in seiner Zeitschrift ‚Household Words' (1850/59) herausgebrachte Gegenwartsroman Bleak House (1852/53) kritisierte nicht nur das schwerfällige Prozeßverfahren und den verhängnisvollen Bürokratismus, sondern deckte in der ganzen Gesellschaft — selbst in der Kirche — als Wurzeln vieler Übel den weitverbreiteten Egoismus und Hochmut auf, der das Gemeinschaftsleben auseinanderbrach, die Menschen zu Nummern und all ihr Tun zu nüchternen ‚facts' herabwürdigte.

Mit Hard Times (1854), wo Arbeiter und ein egoistischer Fabrikherr gegeneinander kämpfen, wird dann seine Absicht, den Roman als Protest gegen die sozialen Mißstände zu benutzen, ganz deutlich. Den Höhepunkt der Gegenwartsromane erreichte Dickens aber erst zehn Jahre später, nachdem er in Little Dorrit (1855/56) in alter Manier die unerträglichen Gefängnisverhältnisse geschildert hatte, durch A Tale of Two Cities (1859) in seiner neuen Zeitschrift ‚All the Year Round' (1859/70) noch einmal mit einem Geschichtsroman, dessen Hintergrund die Französische Revolution bildet, hervorgetreten war, und in Great Expectations (1860/61) wiederum eine geheimnisvolle Geschichte um einen armen Jungen vorgelegt hatte.

Die wesentlich andere Schau des in den 50er Lebensjahren stehenden Dickens zeigt sich in Our Mutual Friend[16]) (1864/65) nicht so sehr an der Haupthandlung, die sich um einen zu Reichtum gekommenen Abfallhändler und seinen als tot geglaubten Sohn abspielt. Kennzeichnender sind vielmehr zahlreiche Nebenfiguren: die auftretenden Bösewichter erweisen sich im Gegensatz zu früher jetzt als wirkliche Teufel, die durch ihre Habgier und Betrügereien die gesamte Gesellschaft ruinieren. Hinzu kommen die vornehmen Nichtstuer, die ausgekoch-

16) L. Borinski, Dickens' Spätstil, DNSpr. 1957, 405 ff.

ten Schwindler, Spekulanten, Hochstapler und Verbrecher, ferner noch die aus dem Proletariat rücksichtslos Aufsteigenden. Gegenüber Herrschsucht, Geltungsbedürfnis und Altklugheit in den modernen großbürgerlichen Salons finden sich wirkliche Gentlemen der Aristokratie und gutherzige schlichte Bürger nur noch vereinzelt. Das Gefährlichste scheint aber der im Verlauf des Daseinskampfes entstehende Haß zwischen der Arbeiterklasse und dem Bürgertum.

Hand in Hand mit dieser Schau ging ein Stilwandel. Durch die Wiedergabe zusammenhangloser und abgerissener Eindrücke deutete sich bei Dickens der spätere Impressionismus merklich an. Gegenüber dem gemächlichen Plaudern von früher erschien jetzt die von Anfang an bestehende dramatisierende Art der Darstellung besonders betont.

Trotz der in den späteren Jahren düster werdenden Schau und obgleich der Humor immer mehr zurücktrat, blieb Dickens im Grunde seines Herzens Optimist. Mit seiner einzigartigen Beschreibungskraft und wegen seiner sehr lebhaften Art der Schilderung aus unübertroffener Vorstellungsgabe muß Dickens zu den größten Romanschreibern[17]) gezählt werden, der auf eine Reihe von Schülern wirkte.

Der volkstümlichste unter diesen war Wilkie Collins[18]) (1824—89), der beste Mitarbeiter an Dickens' Zeitschriften (vgl. S. 119). Auch er klagte die sozialen Mißstände an und konnte humorvoll sein. Im Unterschied zu seinem Meister waren ihm jedoch die verwickelten Handlungen die Hauptsache, für die er die Charaktere erfand. Dadurch, daß er die Leser auf falsche Fährten lockte und sie zum Schluß verblüffte, wurde er zum Vorläufer des Detektivromans. Aus seinen 25 Werken seien drei herausgehoben: The Woman in White (1860), wo im Mittelpunkt ein durch die Ähnlichkeit zweier Stiefschwestern veranlaßtes Verbrechen steht, Armadale (1866), eine Art

---

17) F. Fawcett, Dickens the Dramatist: On Stage, Screen, and Radio, Ldn. 1952.

18) K. Robinson, Wilkie Collins: A Biography, Ldn. 1951; R. Ashley, Wilkie Collins, ‚The Engl. Novelists', Ldn. 1952; N. Davis, The Life of Wilkie Collins, Urbana/Ill. 1956.

Schauerroman mit viel Geheimnisvollem, und The Moonstone (1848) mit dem später wiederholt aufgegriffenen Thema des Diebstahls eines kostbaren Steins.

Auch der dramatisch sehr interessierte Charles Reade[19]) (1844—84) ging von spannenden Situationen aus. Gewöhnlich verband er zwei Geschichten miteinander und übte scharfe Kritik an den Auswirkungen der fehlerhaften Gesetzgebung[20]). It's Never Too Late to Mend (1856) — eine Goldgräber- und Diebesgeschichte — richtete sich gegen die Leitung der Gefängnisse und gegen die Behandlung ihrer Insassen. Hard Cash (1863) — die Kombination einer abenteuerlichen Fahrt von Indien nach England mit einem Bankierbetrug — klagte die Verhältnisse in den Irrenhäusern an. Put Yourself in this Place (1870) ist ein Angriff auf das Gewerkschaftswesen. Daß Reade zwischendurch auch in ganz anderer Art schreiben konnte, beweist z. B. The Cloister and the Hearth (1861), ein historischer Roman, der auf Grund umfassender Materialsammlungen ein gutes Kulturbild des 15. Jhs. vermittelt, und Griffith Gaunt (1866) mit einem ins 18. Jh. verlegten heiklen Eheproblem.

b) Kingsley und der soziale Roman

Dickens und seine Schüler hatten zwar ständig soziale Probleme berührt und Übelstände kritisiert, doch nur ausnahmsweise die Gesamtlage erörtert. Die soziale Ordnung im großen zu diskutieren und vor allem neue Lösungen vorzuschlagen, war von anderen Romanschreibern als Hauptanliegen betrachtet worden. Der erste der damit begann, war der von jüdischen Eltern stammende, sehr ehrgeizige Schriftsteller und Politiker Benjamin Disraeli[21]) (später: Earl of Beaconsfield) (1804—81). Nach einer längeren Pause im Anschluß an die vorviktorianischen Romane (vgl. S. 94) kam sein Hauptanliegen in einer Trilogie klar zum Ausdruck. Im ersten Teil

---

19) L. Rives, Charles Reade. Sa vie, ses romans, Toulouse 1940.

20) E. Sutcliffe, Fact, Realism, and Morality in Reade's Fiction, StPh 41 (1954), 582 ff.

21) H. Pearson, Dizzi. The Life and Nature of Benjamin Disraeli Earl of Beaconsfield, Ldn. 1951.

Coningsby, or The Two Generations (1844) legte er dar, daß eine Besserung der gesellschaftlichen Verhältnisse nur durch die von ihm geführte Jung-England-Partei eintreten könnte, die ein Zusammengehen des konservativen Adels mit den Großindustriellen anstrebte. Sybel, or the Two Nations (1845) schildert, wie die Gegensätze der beiden „Nationen" Arm und Reich zu den Chartistenaufständen führte und wie eine Wandlung durch die Ehrfurcht vor dem Höhergestellten und durch das Eintreten der Kirche für Gerechtigkeit herbeigeführt werden müßte. Der dritte Teil Tancred, or the Crusade (1847) sollte symbolisch durch die Heirat des Titelhelden mit der Jüdin Eva die Verbindung Englands mit dem Orient — einen von der Jung-England-Bewegung propagierten Programmpunkt — zum Wohle des britischen Imperialismus andeuten. Was Disraeli nach 23jähriger Unterbrechung noch veröffentlichte, ist zwar für seine Lebensauffassung interessant, aber ohne größere Wirkung auf die Öffentlichkeit geblieben.

Künstlerisch wertvoller sind die Werke der in London geborenen, früh verwaisten und von einer Tante bei Manchester adoptierten Elizabeth Cleghorn Gaskell[22]) (1810—65). Abgesehen von den in Cranford (1853) zusammengestellten idyllenartigen Erzählungen über das einfache Kleinstadtleben, ist es sonst ihre Absicht, eine schnelle Überwindung der zwischen arm und reich entstandenen Gegensätze, die sie aus eigenster Erfahrung gründlich kennen gelernt hatte, auf der Grundlage des Christentums zu predigen. In Mary Barton, A Tale of Manchester Life (1848) liegen ihre Sympathien sehr deutlich auf Seiten der von Sorgen niedergedrückten Arbeiter. Auch in der Fortsetzung North and South (1855) kommen die verständnislosen Großindustriellen des Nordens bei einem Vergleich mit den an Verantwortung für die Armen gewöhnten Angehörigen der Gentry Südenglands sehr schlecht weg. Sylvia's Lovers (1863), eine Liebesgeschichte, hat die Verhältnisse im Industriegebiet am Ende des 18. Jhs. als Hinter-

[22]) Y. Ffrench, Mrs. Gaskell, Ldn. 1949; A. Rubenius, The Woman Question in Mrs. Gaskell's Life and Works, Uppsala 1950; A. Hopkins, Elizabeth Gaskell: Her Life and Work, Ldn. 1952.

grund. Die Schriftstellerin wurde noch durch eine Reihe kurzer Erzählungen, vor allem aber durch ihre meisterhafte Biographie über Charlotte Brontë (vgl. S. 129) bekannt.

Seine höchste Ausgestaltung erlangte der soziale Roman durch den aus Devonshire stammenden, bis zum Geschichtsprofessor in Cambridge und zum Domherrn von Chester und Winchester aufrückenden natur- und sportbegeisterten Geistlichen Charles Kingsley (1819—75)[23], den Verkünder der durch Frederick D. Maurice begründeten ‚Low-Church'-Bewegung, die zum Tatchristentum aufrief (vgl. S. 97). Aus der Überzeugung, daß dieses allein die sozialen Mißstände überwinden könnte, stellte der vielseitige Kingsley Predigten, theologische und philosophische Abhandlungen, Zeitungsaufsätze, Gedichte, Märchenbücher, Dramen (vgl. S. 133 ff.) und Romane in den Dienst seiner Mission. Mit Yeast, a Problem (1848) wandte er sich zunächst an die ländliche Bevölkerung und entwickelte aus guter Menschenkenntnis überzeugend den Wandel einer stolzen Frau und ihres leichtlebigen Bräutigams zu Wohltätern. Das Gegenstück Alton Locke, Tailor and Poet, an Autobiography (1850) rief die Städter angesichts der grauenvollen Verhältnisse der Londoner Arbeiter zum Mitgefühl auf.

Sein historischer Roman Hypatia, or New Foes with an Old Face führt zwar ins 5. Jh. mit den verschiedenen in Alexandrien aufeinanderprallenden Glaubensrichtungen zurück, doch benutzte der Autor den damaligen Sieg des lebendigen, tätigen Christentums, um seiner eigenen Zeit eine Musterlösung zu empfehlen. Mit Westward Ho! (1855) ging er von seinem christlichen Erziehungsideal ab und rief zur allgemeinen Ertüchtigung der Männer auf nach dem Vorbild der für Englands Weltherrschaft bedeutenden Helden Drake, Hawkins, Raleigh u. a.

Two Years Ago (1857) knüpfte an seine ersten Romane an, behandelte soziale Gegenwartsfragen und appellierte — mit dem Krimkrieg im Hintergrunde — an

23) G. Kendall, Charles Kingsley and His Ideas, Ldn. 1947; U. Pope-Hennessy, Canon Charles Kingsley: A Biography, Ldn. 1948.

die Opferbereitschaft und Tatkraft für Englands Größe. Die gleiche Verherrlichung vaterländischer Tugenden kennzeichnet auch seinen letzten Roman Hereward the Wake (1866), ein Loblied auf die Tapferkeit der Angelsachsen gegenüber den diplomatischen Künsten Wilhelms des Eroberers, um das müde werdende viktorianische Bürgertum aufzumuntern.

c) Thackeray und der Sittenroman

Die beiden bisher erörterten Gruppen von Romanautoren waren von der Hoffnung erfüllt gewesen, ihre Zeitgenossen entweder durch die Herausstellung der sozialen Mißstände oder durch den Hinweis auf neue Wege in bessere Zeiten hinüberzuführen. Diesen Optimismus konnte eine dritte Gruppe nicht aufbringen. Sie begnügte sich damit, illusionslos die bestehenden tatsächlichen Gegebenheiten aufzuzeigen. Mit geradezu wissenschaftlicher Nüchternheit versuchte sie die hauptsächlich im Bürgertum herrschenden Sitten und Handlungen darzustellen.

Damit begann William Makepeace Thackeray[24]) (1811 bis 1863), der in Kalkutta als Sohn eines im Dienst der Ostindiengesellschaft stehenden höheren Beamten geboren worden war. Nach dessen frühem Tode erhielt William seine Schulerziehung im Londoner Charterhouse, studierte 1829/30 in Cambridge, hatte die Absicht, Zeichner oder Maler zu werden, und wandte sich nach dem Verlust seines Vermögens durch Spielleidenschaft dem Journalismus zu. Die 1837 eingegangene Ehe fand nach einigen glücklichen Jahren durch die unheilbare Geisteskrankheit seiner Frau ein Ende. Thackeray machte viele Reisen — u. a. auch nach Amerika (1852/53 und 1855/56) —, teils um Material für seine schriftstellerische Tätigkeit zu sammeln, teils um Vorlesungen abzuhalten. Er starb

---

24) L. Stevenson, The Showman of Vanity Fair, The Life of W. Thackeray, Ldn. 1947; L. Ennis, Thackeray, The Sentimental Cynic, Evanston/Ill. 1950; J. Greig, Thackeray, A. Reconsideration, Oxf. 1950; G. Ray, The Buried Life, Ldn. 1952; G. Tillotson, Thackeray, The Novelist, Cbr. 1954; G. Ray, Thackeray, The Uses of Adversity, 2 Bde., Oxf. 1955/58.

nach mühevollem Ringen um Anerkennung als einer der bedeutendsten englischen Prosaisten.

Aus der Fülle seiner frühesten, selbst illustrierten Zeitschriftenbeiträge ist The Yellowplush Correspondence (1837/38) hervorzuheben, weil hier eines der wichtigsten späteren Themen des Autors angeschlagen wurde: die Anklagen höherer Gesellschaftskreise wegen ihrer Arroganz. In Catherine (1839/40) stellte er einen Gattenmord von 1726 wahrheitsgemäß dar und übte scharfe Kritik an der romantischen Verbrämung von Verbrechern in den Kriminalgeschichten von Bulwer und Ainsworth. The History of Samuel Titmarsh (1841) berichtete sachlich und spöttelnd die Gaunertricks eines Geldschwindlers.

Immer wieder prangerte Thackeray das an, was sich nicht mit einem wahren Gentleman, wie er ihn sah und repräsentieren wollte, vereinbaren ließ. Im Jahre 1846 begann er dann im ‚Punch' seinen Großangriff gegen die ‚Snobs', wie er diese Nicht-Gentlemen nannte. Die als The Book of Snobs[25] (1848) zusammengefaßten Beiträge gehören zu den Kuriositäten in der englischen Literaturgeschichte. Er stellte hier 17 verschiedene Arten von ‚Snobs' aus allen Volksschichten bis hinauf zu den Königen zusammen und geißelte — oft satirisch — Angeberei, Selbstsucht, Neid, Geiz, Liebedienerei, Vorurteile, Vergötzung des Geldes und viele andere menschliche Schwächen.

Noch während Thackeray damit beschäftigt war, brachte er den Roman heraus, der ihn zwar langsam, aber mit jeder Lieferung mehr berühmt machte: Vanity Fair[26] (1847/48). Es sollte "A Novel without a hero" sein, d. h. die nebeneinander laufenden Geschehnisse in verschiedenen Kreisen sollten als gleichbedeutend geschildert und nicht um eine Zentralfigur gruppiert werden.

Das meiste vollzieht sich zwar um die Tochter eines Artisten und einer französischen Tänzerin, Rebecca

---

25) F. Schubel, Thackeray's Begriffe ‚gentleman' und ‚snob', W. Fischer-Festschr. 1959.

26) F. Schubel, Literarhistorische Voraussetzungen für Thackerays ‚Vanity Fair', ‚Sprache und Literatur Englands und Amerikas' III, 1959. 27 ff.

Sharp, die nüchtern und zielbewußt bis in die höchsten Kreise aufsteigt und sich dabei erfolgreich der vom Autor im „Snobbuch" kritisierten Mittel bedient. Ihre Freundin Amelia Sedley, eine reiche Kaufmannstochter, sieht dagegen die Welt in romantischer Verklärung und will nichts weiter sein als liebende Gattin und Hausmütterchen. Neben diesen beiden Schicksalen wird aber eine große Fülle anderer Charaktere eingehend vorgeführt, so daß ein „Markt der Eitelkeiten" entsteht, zu dem der Verfasser häufig Erläuterungen und Belehrungen abgibt.

Hauptsächlich auf seinem Lieblingsautor Fielding (II, 136 ff.) fußend, aber auch von späteren Strömungen beeinflußt, hatte Thackeray einen persönlichen Stil in Darstellung und Sprache geprägt. Er trachtete danach, das Leben, wie es ihm erschien, wahrheitsgetreu mit allen Fehlern und Gebrechen, Verdiensten und Fähigkeiten darzustellen. Im Gegensatz zu Dickens, sah er nicht die Sonderdinge, sondern die Normaltypen, und zwar war sein Blick weniger auf die unteren Schichten als auf die ‚upper middle class' gerichtet. Dabei wird er weder sentimental noch bitter oder von Haß gegen die Welt erfüllt. Es liegt ihm daran, die Menschen in ihrem tatsächlichen Verhalten verstehen zu lernen und Toleranz zu üben, wie es einem Gentleman entspricht. Diesem geziemt es auch, Maß zu halten sowohl bei der Schilderung des Abscheulichen als auch des Zartesten und Innigsten[27]).

Diesen Grundansichten blieb Thackeray auch in seinen weiteren großen Romanen treu. In Pendennis (1850) berichtete er in ruhigerem Ton unter Verwendung von autobiographischem Material den Werdegang des Titelhelden von den glücklichen Kindheitstagen, über seine Abenteuer als Student und Liebhaber und über viele Gefahren, bis er mit Hilfe eines guten Freundes eine glückliche Ehe mit seiner Jugendgeliebten eingehen und das Leben eines Gentleman führen kann.

Henry Esmond[28]) (1852) ist ebenfalls teilweise autobiographisch, wenn die Handlung auch in die Zeit der Queen Anne zurückverlegt ist. Esmond schreibt in

---

27) Vgl. H. Oppel, Die Kunst des Erzählens im engl. Roman des 19. Jhs., Bielefeld 1950, 42 ff.

28) J. Tilford, The Love Theme of Henry Esmond, PMLA 67 (1952) 684 ff.

Virginien seine Memoiren und berichtet über seine unerwiderte Liebe zu der Tochter der Lady Castlewood, Beatrix, die einen Prinzen heiraten möchte, sich schließlich aber mit einem Lehrer begnügen muß, den sie allerdings bis in die Position eines Bischofs zu bringen weiß. Obgleich zwischen Esmond und der Lady Castlewood ein großer Altersunterschied besteht, fühlen sie sich geistig so verwandt, daß sie eine Ehe eingehen und nach Virginien auswandern.

Thackerays Vorliebe für das 18. Jh., die hier zu guten Schilderungen des historischen Hintergrundes führte, veranlaßte auch seine Vorlesungen über The English Humorists of the Eighteenth Century (1851) und über The Four Georges (1855/56), die er in England und Amerika hielt.

Der Roman The Newcomes (1853/55) steht in leichter Verbindung zu „Pendennis" und stellt das Leben zweier Generationen dar: im Vordergrunde seine alte Gouvernante und der von ihr heimlich verehrte Kavalier und Ehrenmann Oberst Newcome, der in der schlechten Welt sein ganzes Vermögen verliert und im Armenhaus endet; daneben seinen Sohn Clive, ein Maler und Faulenzer, der es zu nichts bringt.

The Virginians (1857/59) bildet die Fortsetzung von „Henry Esmond", kehrte also zum 18. Jh. zurück. Beatrix verliert ihren angesehenen Gatten, heiratet wieder, wird zum zweiten Male Witwe und führt das Leben einer reichen Erbtante neben ihren Zwillingssöhnen, von denen einer wieder nach England zurückkehrt.

Die beiden letzten Romane des früh alternden und kränkelnden Thackeray Lovel the Widower (1860) und The Adventures of Philip (1861/62) fallen gegenüber seinen früheren Werken ab und sind für die Literaturgeschichte von geringer Bedeutung.

Thackerays bedeutendster Nachfolger war der sehr vielseitige Anthony Trollope[29]) (1815—82), eines Londoner Rechtsanwalts Sohn, der ein höheres Amt bei der

29) W. & J. Gerould, A Guide to Trollope, Princeton 1948; M. Sadleir & F. Page (ed.), Oxford Trollope, Ldn. 1948 ff.; B. Brown, Anthony Trollope, ‚The Engl. Novelists', Ldn. 1950.

Post bekleidete, viel reiste und von 1841 bis 1859 in Irland lebte. Unter seinen 50 längeren Romanen verschiedener Gattungen sind ihm die in der Kleinstadt „Barchester" spielenden Sittenschilderungen der wohlsituierten ‚upper middle class'-Menschen besonders gut gelungen. In The Warden (1855), Barchester Tower (1857), Doctor Thorne (1858), Framley Parsonage (1861), The Small House at Allington (1864) und The Last Chronicle of Barset (1867) schilderte er mit photographischer Genauigkeit auf Grund eigener Erfahrungen die gelangweilten „Vornehmen" in allen Lebenslagen, stets ängstlich darauf bedacht, Distanz zu den Angehörigen anderer Klassen zu wahren. Am meisten scheint sich Trollope für die Ärzte und Geistlichen interessiert zu haben, die mehr Gewicht darauf legten, Engländer als tüchtige Fachleute zu sein. Religiöse und politische Themen lagen dem Autor — im Gegensatz etwa zu Disraeli (vgl. S. 121 f.) — nicht. Es kam ihm vielmehr darauf an, chronikartig alle Klatschereien, Skandalgeschichten, Eifersüchteleien und die arroganten Verhaltensweisen der Philister festzuhalten.

Die gleichen Absichten verfolgten zahlreiche kleinere Talente, von denen Charlotte M. Yonge[30]) (1823—1901) mit The Heir of Redclyffe (1853) und Margaret Oliphant (1828—92) mit The Chronicles of Charlingford (1863/66) genannt werden sollen. Zu den ‚best-sellers' gehörte noch John Halifax, Gentleman (1856), wo Dinah M. Mulock (= Mrs. Craik) (1826 bis 1887) darstellte, wie auf ehrliche Weise ein armer, aber tatkräftiger Mann zu Wohlstand gelangt. Zwei realistische, in der Art von Jane Austen (vgl. S. 73 f.) verfaßte Romane: The Semi-attached Couple (1860) und The Semi-detached House (1860) von Emily Eden (1797—1869) wurden noch 1928 neu aufgelegt.

Der schon früher gerade an den Sittenschilderungen große Anteil der Frauen wird auch zur Zeit des Viktorianismus unterstrichen durch die Romane der Geschwister Brontë[31]), die bereits wichtige Elemente der folgen-

30) M. Mare & A. Percival, Victorian Best-seller: The World of Charles M. Yonge, Ldn. 1947.

den Periode vorwegnahmen. Als Halbwaisen waren sie in einem einsamen Pfarrhaus in Yorkshire und in einem tyrannisch geleiteten Pensionat für Pastorentöchter aufgewachsen und hatten sich gegen die alltäglichen Meinungen aufgebäumt und eine Welt konstruiert, in der sich Realismus und Romantik vermischten. Vor allem betonten sie das Recht, auch die Leidenschaften endlich wieder zu Wort kommen zu lassen.

Charlotte Brontës[32]) (1816—55) erster Roman Jane Eyre (1847) schildert die Sehnsucht einer Gouvernante nach Selbständigkeit und wahrer Liebe. Da sie als Pfarrersfrau nur die Berufsgehilfin ihres künftigen Gatten sein würde, wendet sie sich einem vom Schicksal hart gezeichneten Manne zu, dem sie wirkliche Geliebte und Gattin sein kann. Damit wurde ein ganz anderes Bild der Frau gezeichnet, als es der Viktorianismus wahrhaben wollte. Das gleiche Thema: der Wunsch der leidenschaftlich Liebenden nach dem „starken" — und nicht nach dem „vornehmen" — Manne beschäftigte Charlotte Brontë auch in ihren beiden folgenden Romanen. In Shirley (1849) versuchte sie, damit soziale Fragen zu verbinden. Doch waren ihr diese nur unzureichend bekannt. Wegen der größeren Abgeklärtheit gilt Villette (1853) als die beste Darstellung ihres Hauptanliegens. Kampf und Erdulden werden als kostbarster Besitz des tiefsten Innersten einer liebenden Frau überzeugend gezeichnet. Dagegen idealisierte sie, wie immer, die Männer.

Auch Anne Brontë (1820—49) stellte in ihren beiden Romanen Agnes Grey (1847) und The Tenant of Wildfell Hall (1848) die Frauen im Kampf gegen die einengenden Konventionen dar und machte offene Aussagen über die wahren weiblichen Gefühle, wie es einst schon Jane Austen (vgl. S. 73 f.) gewagt hatte.

31) Ph. Bentley, The Brontës, ,The Engl. Novelists', Ldn. 1947; G. Harrison, The Clue to the Brontës, Ldn. 1948; L. & E. Hanson, The Four Brontës, Ldn. 1949; W. Braithwaite, The Bewitched Parsonage: The Story of the Brontës. N. Y. 1950.

32) L. Hinkley, The Brontës, Charlotte and Emily, Ldn. 1947; Ch. Lane (ed.), A Life of Charlotte Brontë by Mrs. Gaskell, Ldn. 1948; M. Barton, The Life of Charlotte Brontë, Ldn. 1948; M. Crompton, Passionate Search. A Life of Charlotte Brontë, Ldn. 1955.

Empfanden viele Viktorianer schon diese Offenheiten als anstößig, so waren sie völlig ratlos gegenüber dem einzigen Roman Wuthering Heights (1847) der ebenfalls früh verstorbenen Emily Brontë[33]) (1818—48). Derb realistisch erzählte sie von dem Verlangen eines urwüchsigen Heidebauern nach einem Hof und dessen Besitzerin, die ihm willenlos ergeben ist. Die in diesem Einzelfall vorliegende Auseinandersetzung zwischen dem vorwärtsdrängenden Dynamischen und dem duldenden Passiven unterstellte Emily Brontë aber einer in der Jugend gehabten und seitdem nachwirkenden Vision, nach der im Kosmos beide an sich guten Prinzipien im Streit liegen, sich aber zur Katastrophe auswirken, falls das Dynamische vom richtigen Wege abgleitet. Alles Irdische, auch der Eros, unterliegt also einer geheimnisvollen und leicht mißzudeutenden kosmischen Macht. In dem Augenblick, wo bei dem Heidebauern das Dynamische überbetont wird, setzt die Tragik ein.

d) Eliot und der psychologische Roman

Durch die Geschwister Brontë war das seelische Geschehen in den Mittelpunkt der Romane gerückt worden, die sich um die Wiedergabe der menschlichen Beziehungen in den verschiedenen Kreisen bemühten. Das Psychologische fast wissenschaftlich analysiert und künstlerisch gestaltet zu haben, war das Verdienst der unter dem Pseudonym George Eliot[34]) (1819—80) schreibenden Mary A. Evans.

Bis zum 22. Jahre lebte sie in ländlicher Abgeschlossenheit in Warwickshire, wo ihr Vater Verwalter eines Gutes war und als Witwer ihre Hilfe benötigte. Nach seinem Tode (1849) bekannte sie sich offen — veranlaßt durch ihre philosophischen und psychologischen Studien und durch den Verkehr mit der freidenkerischen Familie Bray — zum Freidenkertum und übersetzte David Strauß'

---

33) J. Debû-Bridel, Le secret d'Emily Brontë, Paris 1950; M. Spark & D. Standfort, Emily Brontë: Her Life and Work, Ldn. 1953.

34) G. Bullett, George Eliot: Her Life and Books, Yale Univ. Pr. 1947; J. Bennet, George Eliot: Her Mind and Her Art, Cbr. 1948; L. & E. Hanson, Marian Evans and George Eliot. A Biography, Ldn. 1952; R. Speaight, George Eliot, ‚The Engl. Novelists', Ldn. 1954.

„Leben Jesu" (1842/46). Vom Augenblick ihres Eintritts in die Schriftleitung der ‚Westminster Review' nahm sie regen Anteil am literarischen Leben und wurde durch den Goethebiographen George H. Lewes (1817—78), dem sie mit seinen drei Kindern den Haushalt führte, zur Schriftstellerei veranlaßt. Ein Jahr nach dessen Tode (1878) heiratete sie einen Verehrer ihrer Werke. Sie starb an Herzschlag in Chelsea.

Schon in ihren ersten drei Geschichten, die unter dem Titel Scenes of Clerical Life (1857) zusammengefaßt wurden, vertrat sie die später immer wiederkehrende These, daß der Mensch durch Leiden geläutert und für seine Aufgaben gestärkt werde. Im Mittelpunkt der „Szenen" steht eine Pfarrersfrau, die neben ihren sieben Kindern noch viele Arme zu ernähren weiß und erst zusammenbricht, als der häusliche Friede durch eine Gräfin von zweifelhaftem Ruf gestört wird.

Ihr tiefes Verständnis für das Innenleben der kleinen Leute, mit denen sie lange Zeit zusammen gewesen war, trat dann sogleich in Adam Bede[35] (1859) klar hervor, ihrem ersten längeren Werk, das neben den guten Charaktereigenschaften ein ausgezeichnetes Bild vom Landleben in Warwickshire vermittelt. Adam heiratet eine Methodistenpredigerin, nachdem seine erste Geliebte einem Kapitän gefolgt war. Er wird zwar nie mehr ganz zufrieden, doch gelingt es seiner Frau, seine edlen Eigenschaften zu entwickeln und aus ihm einen Musterarbeiter zu machen. Die Verfasserin exemplifizierte hier die von Comte (1798—1857) übernommene Auffassung, daß der Charakter durch die Umwelt bestimmt werde, und trat außerdem durch ihre methodischen Predigten stark didaktisch hervor.

Beides trifft auch für ihr bestes Werk The Mill on the Floss (1860) zu, das viel Autobiographisches enthält. Die in der Charakterzeichnung am besten gelungene Maggie Tulliver verliebt sich in Philip, dessen Vater durch einen Prozeß Tulliver zum Verlust seiner Mühle gebracht hatte. Deshalb stellt sich Maggies Bruder Tom gegen die beabsichtigte Verlobung und bringt seine

35) G. Creeger, An Interpretation of Adam Bede, JELH 23 (1956), 218 ff.

Schwester der Verzweiflung nahe. Ihre Geschwisterliebe wird aber wieder stark, als sie Tom bei einer Überschwemmung in Gefahr sieht. Bei ihrem Rettungsversuch kommen beide nach der Aussöhnung um.

Silas Marner: the Weaver of Raveloe (1861) steht mit den Schilderungen puritanischer Engherzigkeit, Intrigen und Bosheit im Gegensatz zu den großzügigen Auffassungen in „Adam Bede". Silas sagt sich nach den unwahren Anschuldigungen der fromm tuenden Einwohner seines Heimatdorfes von diesen los und sieht in einem anderen Teil des Landes seinen einzigen Lebenssinn im Erwerb von Geld. Nachdem ihm dieses gestohlen worden ist, wird er durch die Erziehung eines ihm zugelaufenen Mädchens wieder Mensch. In dem Comteschen Grundsatz „Für andere leben" fand auch Eliots Sozialismus der Liebe ihren höchsten Ausdruck.

Die alles Handeln erklärende psychologische Analyse versuchte sie auch in ihrem in die italienische Renaissance zurückführenden historischen Roman Romola (1862/63), in dem sich die Titelheldin durch den Einfluß Savonarolas nach einem harten Kampf zwischen Vater- und Gattenliebe im Dienst an Pestkranken aufopfert. Der Versuch scheiterte jedoch. Es gelang ihr nicht, das 15. Jh. und die historischen Persönlichkeiten zu verlebendigen. Von jetzt an trat das Moralische allzu stark hervor. Deshalb wurde in Felix Holt, the Radical (1866) alles wirkliche Leben unter der These verschüttet, jeden Besitz um des Wohles anderer willen aufzugeben.

Auf diesen schwächsten ihrer Romane folgte ihr umfangreichstes und im Spätviktorianismus vielgelesenes Werk Middlemarch, a Study of Provincial Life (1871/72), eine genaue Darstellung der spießbürgerlichen Gesellschaft in einer Kleinstadt an etwa 50 verschiedenen Charakteren, an denen dargelegt werden sollte, wie wahres und echtes Leben nur durch die Begegnung und Vereinigung der richtigen Partner entstehe.

Der zweite große Vertreter des psychologischen Romans war George Meredith[36]) (1828—1909), der in Portsmouth als Sohn eines Schneiders geboren wurde, 1843/44 in Neu-

[36]) W. Wright, Art and Substance in George Meredith, Nebraska 1953.

wied bei den Herrnhutern Erziehung erhielt und Rechtsanwalt werden sollte. In seinem ersten bedeutenden Roman The Ordeal of Richard Feveral (1859) strebt der Held das Ideal des Vollmenschen an, das er in einem natürlichen, tätigen Leben sieht, in dem durch den ,common sense' alles Sentimentale und das überspitzte Rationale vermieden werden soll. Dieser Plan scheitert jedoch an den falschen Erziehungsgrundsätzen seines Vaters. Auch seine Jugendgeliebte und Gattin wird ein Opfer verkehrter Pädagogik und Intrigen von Verwandten.

Der Titelheld in Evan Harrington (1860) besteht dagegen den Kampf gegen Heuchelei und Snobismus, nachdem er den Konflikt zwischen seiner Liebe zu Rose und der Pflicht, die Schulden seines verstorbenen Vaters zu bezahlen, überwunden hat. In Emilia in England (später Sandra Belloni) (1864) geht es mit Wilfried Pole wegen seiner Sentimentalität, die ausführlich analysiert wird, bergab, während sich Sandra, ein noch unreifes Mädchen, durchsetzt. Mit Rhoda Fleming (1865) wandte sich Meredith dem bäuerlichen Milieu zu und gab die Geschichte zweier Schwestern, aus denen der Vater mehr machen wollte als frische Bauernmädchen. Dahlia wird das Opfer eines Verführers, und Rhoda bemüht sich, den Namen ihrer Schwester rein zu halten.

C. Das Drama

Für die Geschichte des viktorianischen Dramas waren einige äußerliche Veränderungen der Theaterverhältnisse von weittragender Bedeutung. Durch ein Gesetz wurde 1843 endlich die Monopolstellung von Covent Garden, Drury Lane und vom ,Little New Theatre' (vgl. S. 78) aufgehoben. Die nun beginnende freie Konkurrenz führte allmählich zur Bevorzugung der einen oder anderen Gattung auf verschiedenen Bühnen. Die Einrichtung reservierter Sperrsitze in den 40er Jahren steigerte den Besuch der ruhigen Bürger, die nicht geneigt waren, sich ihre Plätze zu erkämpfen. Auch durch die Entfernung Undisziplinierter trat allmählich eine bessere Ordnung ein. Der spätere Beginn der Essenszeit verschob in den 50er Jahren die Anfänge der Aufführungen auf acht Uhr und hatte eine Kürzung der Riesenprogramme zur Folge.

Wegen der immer prunkvoller werdenden Inszenierungen[1]) sahen sich die Theaterdirektoren gezwungen, die Stücke so häufig wie möglich spielen zu lassen. Dieses ‚long-run System' führte zur Sprengung der traditionellen ‚stock companies' und zur Zusammenstellung einseitig begabter Schauspielergruppen, und häufig brachten Parallelorganisationen auch in der Provinz die bestehenden Ensembles zum Erliegen.

Das Bedürfnis nach Theaterstücken war so stark wie nie zuvor, doch wünschte der größte Teil des Publikums immer noch nur unterhalten zu werden. Für das echte Drama fehlte es bis zum Ende der Blütezeit des Viktorianismus an den wesentlichen Voraussetzungen (vgl. S. 78).

1. Tragödien und Komödien

An Tragödien erschienen auch nach der Romantik hauptsächlich die von Shakespeare. Vor allem bemühten sich große Schauspieler — wie William Ch. Macready[2]) (1793—1873), Charles Kean[3]) (1811—68) und Samuel Phelps (1804—78) — um textlich originalgetreue und prächtig ausgestattete Aufführungen, letzterer sogar in Sadler's Wells (vgl. S. 84).

Wie James Sh. Knowles in den 20er Jahren (vgl. S. 79), so imitierte nach ihm z. B. Richard H. Horne (1803—84) das elisabethanische Trauerspiel. Aber seine Stücke *Cosmo de Medici* (1837), *Death of Marlowe* (1837), *Gregory VII* (1840) und *Judas Iscariot* (1848) mußten um zwei Jahrhunderte veraltet wirken.

Auf kleinen Bühnen hatten gelegentlich noch die poetischen Dramen der Romantiker (vgl. S. 79 f.) ein Echo. Auch Walter S. Landor[4]) (vgl. S. 88 f.) versuchte sich in dieser Gat-

[1]) A. Downer, *Players and Painted Stage: Nineteenth Century Acting*, PMLA 61 (1946), 522 ff.

[2]) J. Trewin, *Mr Macready. A Nineteenth Century Tragedian and His Theatre*, Ldn. 1955.

[3]) G. Playfair, *Kean, The Life and Paradox of the Great Actor*, Ldn. [2]1950; M. Disher, *Mad Genius. A Biography of Edmund Kean ...*, Ldn. 1950; D. Rulfs, *The Romantic Writers and Edmund Kean*, MLR 11 (1950), 425 ff.

[4]) M. Elwin, *Savage Landor*, N. Y. 1941.

tung mit Andrea of Hungary and Giovanna of Naples (1839) und mit The Siege of Ancona (1846). Erfolgreicher war Robert Browning[5]) (vgl. S. 102 ff.). Sein historisches Stück Strafford (1837) zeigt Karls I. berühmten Kanzler im Konflikt zwischen Volksverbundenheit und Königstreue. Pippa Passes (1841) stellt dar, wie ein Frabrikmädchen am Neujahrstag singend durch die Straßen zieht und die Rollen der vier vermeintlich Glücklichsten des Ortes nacherlebt. Ihre aus reinem Gemüt kommenden Lieder wirken auf diese so ein, daß sie ihre selbstsüchtigen Ziele aufgeben und ein besseres Leben beginnen. In King Victor and King Charles (1842) gelang von den vier dargestellten Charakteren Karls Gemahlin Polyxena als ein Idealbild des Dichters besonders gut, während die anderen Gestalten wenig dramatisch sind, weil Browning — seiner Gewohnheit entsprechend (vgl. S. 102) — Seelenanalysen vornahm und nicht psychische Entwicklungen gab. Hemmend wirkten noch seine Vorliebe für das Außergewöhnliche — wie in dem romantischen The Return of the Druses (1843) — oder für eine dunkle Sprache, die A Blot in the 'Scutcheon (1843) und seine späteren dramatischen Dichtungen wenig anziehend machten.

Mehr Talent für die bühnenwirksame Tragödie hatte Sir Thomas N. Talfourd (1795—1854), der mit Glencoe; or The Fate of the Macdonalds (1840), vor allem aber mit Ion (1850) Erfolge erzielte.

Als einziger versuchte Westland Marston (1819—90) ein bodenständiges Trauerspiel durch die Verbindung des Tragischen mit Gegenwartsproblemen. The Patrician's Daughter (1842) nahm den Klassenhaß der 30er Jahre zum Untergrunde des seelischen Geschehens. Auch in Stratmore (1849) und in Marie de Méranie (1850) bemühte sich der Verfasser, tragische Höhepunkte seiner Zeit auf der Bühne darzustellen, doch bedurfte es eines kräftigeren Anstoßes, um dann drei Jahrzehnte später zu einer echten bürgerlichen Tragödie zu gelangen.

---

5) H. Charlton, Browning as Dramatist, Manchester 1939; J. McCormick, Robert Browning and the Experimental Drama, PMLA 68 (1953), 982 ff.

Ebensowenig war der Viktorianismus einer wirklichen Komödie zugeneigt. Als einzige, die sich gegen die Flut der sonst üblichen Unterhaltungsstücke (vgl. Abschn. 2) wandten, sind zu nennen Douglas W. Jerrold (1803—57), bei dessen Charakteren allerdings — wie in Beau Nash; the King of Bath (1834), Time Works Wonders (1845), The Catspaw (1850) — eine Seite übertrieben dargestellt ist, Thomas W. Robertson (1829—71), der in Society (1865), Ours (1866), Caste (1867) und School (1869) die Gestalten scharf nach dem derzeitigen Leben zeichnete und alltägliche Dialoge führen ließ, und Henry J. Byron (1834—84), von dessen 100 Stükken z. B. Cyril's Success (1868) und Uncle Dick's Darling (1868) echte Komik anstreben.

2. Melodramen, Burlesken u. a.

Beherrscht wurden die nach dem Theatergesetz von 1843 zahlreicher werdenden Bühnen von den vielen Übersetzungen oder Nachahmungen französischer oder deutscher Stücke, die eine Mischung von Romantik und Realismus darstellten, wenige Charakterentwicklungen enthielten, in deklamatorischer Sprache geschrieben waren und mit Tricks arbeiteten, die meistens von dem französischen Bühnenautor Eugène Scribe (1791—1861) stammten. Unter den Verfassern der Hunderte von derartigen Melodramen sei genannt Charles Reade (vgl. S. 121), der mit The Ladies' Battle (1851) und The Double Marriage (1867) auf französische Quellen zurückging, in Gold (1853) seinen Roman „Zur Besserung ist es nie zu spät" (vgl. S. 121) dramatisierte und mit Masks and Faces (1852) sein Prosawerk „Pegg Woffington" (1853) vorwegnahm; dabei half ihm Tom Taylor[6]) (1817—80), der Verfasser einiger rührseliger Stücke wie Plot and Passion (1853), Still Waters Run Deep (1855) und The Ticket-of-Leave Man (1863), dem Vorläufer von Galsworthys „Justice".

Mit besonders raffinierten Melodramen versorgte Edward Buwler Lytton (vgl. S. 89) das ihm in seinen Bedürf-

[6]) W. Tolles, Tom Taylor and the Victorian Drama, ‚Columbia Univ. Studies' 148, N. Y. 1940.

nissen bekannte Publikum. The Lady of Lyons (1838) und Richelieu, or The Conspiracy (1839) gehörten zu den erfolgreichsten seiner Zeit. Am produktivsten war jedoch Dion Boucicault (?1820—90) durch etwa 150 Stücke, von denen die mit irischem Hintergrunde — z. B. The Colleen Bawn (1860) und Arrah-na-Pogue (1864) — wegen ihrer natürlich gezeichneten Charaktere als die besten gelten. Gleichzeitig mit Boucicault brachte Edward Fitzball (1792—1873) in Fraud and its Victims (1851), The Streets of London (1864) und London by Gaslights (1868) besonders gräßliche Seiten des Großstadtlebens in der Absicht auf die Bühne, zum sittlich Guten hinzulenken.

Alle bisher genannten Dramengattungen wurden überboten durch die gegenwartsnahen heiteren Burlesken, Farcen und operettenartigen Stücke, in denen der kürzlich genannte Henry J. Byron und Robert B. Brough (1828—60) führend waren.

Letzterer beteiligte sich auch neben vielen anderen an den ‚Extravaganza', die darauf ausgingen, ein Märchenmotiv lyrisch und launisch mit großer Szenerie, vielen Balletteinlagen und Schlußverwandlungen zu behandeln. Der Schöpfer dieser ebenfalls beliebten Gattung war James R. Planché (1796—1880) mit Riquet with the Tuft (1836) und Sleeping Beauty (1840).

3. Kapitel

DER SPÄTVIKTORIANISMUS
(c. 1870 bis c. 1890)

Geistesgeschichtliche Wandlungen

In den beiden Jahrzehnten des Spätviktorianismus hatte England weitere außenpolitische Erfolge zu verzeichnen. Canada war zu einem Dominion mit selbständiger Verwaltung geworden und dankte dies Geschenk dem Mutterland durch seine freiwillige Treue. Nach Entdeckung der Diamantenfelder in Südafrika entriß die britische Regierung das Gebiet um Kimberley dem Oranje-Freistaat. Sie kaufte 1875 die Aktien des Khedives und errang damit die Kontrolle über den Suezkanal und das östliche Mittelmeer zur Sicherung des Hauptwegs nach Indien, das 1877 in Victoria seine ‚Empress' erhielt. Als „Beschützerin kleiner bedrängter Nationen" besetzte England 1881/82 Ägypten und erwarb laufend weitere Stützpunkte.

Infolge des sich seit 1866 vollständig durchsetzenden Freihandels zeigten die stetig steigenden Aus- und Einfuhrkurven einen in fast allen Bevölkerungskreisen vorhandenen Wohlstand an. Das liberale Kabinett William Gladstones (1809—98) war bemüht, das Los der Arbeiter zu bessern. Nachdem die Gewerkschaften 1871 gesetzlich anerkannt worden waren, zogen 1874 die ersten Arbeitervertreter ins Parlament ein. Die dritte ‚Reform Bill' (1884/85) dehnte das Wahlrecht auch auf die ländlichen Bezirke aus. Der gleiche liberale Geist schuf durch die ‚Forster Act' (1870) die Möglichkeit des Unterrichts für Kinder aller Konfessionen, und 1876 wurde die allgemeine Schulpflicht eingeführt.

Hinter diesem äußerlich günstig erscheinenden Bild verbarg sich aber ein durch die Industrialisierung immer stärker werdendes Elend im Proletariat, von dem sich große Teile dem Alkohol hinzugeben begannen. Die in den 80er Jahren auf dem Weltmarkt einsetzende Konkurrenz gegen Deutschland, Frankreich und Amerika führte (1889) zu dem berüchtigten Dockarbeiterstreik, so daß endlich auch vielen Bürgern die Augen für die tatsächlichen inneren Verhältnisse geöffnet wurden.

Der während der Blütezeit des Viktorianismus vorherrschende Fortschrittsglaube und der damit zusammenhängende weit verbreitete Optimismus mußte ins Wanken geraten. Dazu trugen auch die Lehren von Charles Darwin, Thomas Huxley u. a. bei. Die Festigkeit des alten Glaubens zerbröckelte an den wissenschaftlichen Erkenntnissen und führte zu Pessimismus oder zu Kompromissen zwischen ‚religion and science', wie es Leslie Stephen[1]) (1832—1904) in seinen *Essays of Free Thinking and Plain Speaking* (1873) am intensivsten versuchte.

Von der sozialen Lage ausgehend, erhoben sich mannigfache Fragen über die bestehenden gesellschaftlichen For-

---

[1]) N. Annan, *Leslie Stephen. His Thought and Character in Relation to His Time*, Ldn. 1951.

men sowie über die Aufgaben des Menschen und sein eigentliches Wesen, wobei auch die Höherwertung der Frau, die lange Zeit nur als Besitztum behandelt worden war, eine große Rolle spielte.

Die neuen Probleme gewannen seit den 70er Jahren an Kraft, konnten sich aber erst allmählich bis zum Ende des 19. Jhs. gegenüber den starr gewordenen älteren Anschauungen durchsetzen.[2])

A. Die Versdichtung

1. Die Viktorianer

In der Versdichtung blieben Alfred Tennyson und Robert Browning dem Viktorianismus bis ans Lebensende treu. Als sich jener 1867 in die ländliche Einsamkeit von Blackdown (Surrey) zurückgezogen hatte, wandte er sich zunächst dem Drama zu (vgl. S. 154) und veröffentlichte erst 1880 eine Gruppe von Ballads and other Poems, in denen der ‚poet laureate' gern auf die Vergangenheit zurückschaute. Bis 1892 folgten vier Sammlungen von Versen über verstorbene Freunde, klassische Themen und vor allem über seine Lebensauffassung, die einen Kompromiß zwischen dem Glauben an die Willensfreiheit und der Naturgesetzlichkeit darstellt. Aus Locksley Hall, Sixty Years After (1886) spricht zwar die Enttäuschung, daß die Menschen nicht besser und glücklicher geworden sind, dennoch hofft der Dichter auf eine schönere Zukunft. Demeter and other Poems (1889) enthält das Gedicht Crossing the Bar, von dem er wünschte, daß es ans Ende späterer Ausgaben seiner Werke gesetzt würde, weil es besonders deutlich seinen unerschütterlichen christlichen Auferstehungsglauben zum Ausdruck brachte.[1])

Auch Browning blieb seiner Art treu und hatte trotz der Fülle seiner Publikationen nichts Neues mehr zu bieten (vgl. S. 102 ff.). Sein Interesse für außergewöhnliche Menschen zeigte sich in der monodramatischen epischen Dichtung

---

2) H. Lynd, England and the Eighteen-Eighties, Ldn. 1945; A. Brown, The Metaphysical Society, N.Y. 1947.

1) P. Turner, The Stupidest English Poet, ESts 30 (1949), 1 ff.

von mehr als 4000 Blankversen Red Cotton Night-Cap Country (1873), der ein Prozeß um das von einem Pariser Juwelier an eine Wallfahrtskirche vermachte Vermögen und die Nutznießung von dessen Mätresse zugrunde lag. Hier und für andere Seelenanalysen verwendete der Verfasser selbst Zeitungsnotizen über Verbrecher oder Mörder, die er an irgendeiner Stelle ihres Innenlebens zu verstehen trachtete. In den Dramatic Idyls (1879/80) zergliederte er das Seelenleben mehrerer Helden (z. B. Lord Clives) und in den Parleyings with Certain People of Importance in Their Day (1887) ließ er aus Gesprächen mit Malern, Musikern, Dichtern und Philosophen des 18. Jhs. seine eigenen optimistischen Anschauungen zur Geschichte, Wissenschaft und Kunst erkennen.[2]) Sein letzter Gedichtband Asolando (1889) brachte in einem Gemisch von Liebesliedern, Balladen, Anekdoten, dramatischen Monologen u. a. m. seinen festen Unsterblichkeitsglauben — besonders im Epilogue — zum Ausdruck.

2. Die Präraffaeliten

Neben Tennyson, Browning und anderen Viktorianern lebte eine Gruppe von Dichtern sozusagen außerhalb ihrer Zeit, indem sie sich ganz dem Mittelalter zuwandte. Schon 1848 hatten sich fünf junge Maler zu einer ‚Pre-Raphaelite Brotherhood' zusammengeschlossen in der Absicht, auf die Kunst vor dem Renaissancemaler Raffael (1483—1520) zurückzugreifen und symbolhaft — etwa in der Art von Fra Angelico (1387—1455) — die letzten seelischen Sehnsüchte darzustellen. Durch den Maler und Dichter Dante Gabriel Rossetti[3]) (1828—82) wurde auch in der Literatur eine präraffaelitische Richtung[4]) geprägt.

Wenn Rossetti auch als Sohn eines italienischen Flüchtlings schon mit sechs Jahren zu dichten begann und 1850

---

[2]) H. Charlton, Browning's Ethical Poetry, Manchester 1943.

[3]) O. Doughty, Dante Gabriel Rossetti, A Victorian Romantic, New Haven 1949; H. Angeli, Dante Gabriel Rossetti. His Friends and Enemies, Ldn. 1949.

[4]) W. Gauny, The Pre-Raphaelite Tragedy, Ldn. 1942; D. Welland, The Pre-Raphaelites in Literature and Art, Ldn. 1953.

in der Zeitschrift der „Brüderschaft" ,The Germ' und in anderen wenig gelesenen Magazinen ein paar Gedichte herausgebracht hatte, so wurde er doch erst im Spätviktorianismus der Öffentlichkeit wirklich bekannt, nachdem er die Trauer über seine früh verstorbene Gattin überwunden und das ihr 1862 ins Grab gelegte Manuskript mit Gedichten wieder zurückerhalten hatte.

Von den Poems (1870) ist seine älteste Ballade Sister Helen erwähnenswert, die an alten Volksglauben anknüpft und in einem Zwiegespräch erzählt, wie Helen drei Tage lang durch Fernwirkung ihren ungetreuen Geliebten zu Tode quält, indem sie sein Wachsbild zerschmelzen läßt. Die Ballads and Sonnets (1881) setzten vor allem den in der Sammlung von 1870 mit 50 Stücken begonnenen Sonettzyklus — The House of Life — fort, in dem der rauschgiftsüchtige Dichter seinen inneren Lebensweg darstellte. Im Mittelpunkt steht seine seelische und sinnliche Liebe in Augenblicksbildern. Von Blake (vgl. S. 24 ff.) und den mittelalterlichen Mystikern beeinflußt, verkörperte er die Seelenzustände durch allegorische Gestalten und verwendete dabei sogar heilige Symbole für sinnliche Vorgänge.

Als Meisterwerk und Muster präraffaelitischer Dichtung gilt The Blessed Damozel (1881 in 3. Fassung), wo deutlich mit den Augen eines Malers das Bild des „seligen Fräuleins" entsteht, das aus dem Himmel herauslehnt und sich nach dem auf Erden weilenden Geliebten sehnt. Hier wie in allen seinen Dichtungen, von denen die umfangreichste — Rose Mary (1881) — in das Märchenmilieu von Coleridges „Christabel" (vgl. S. 52) führt, bewies der Dichter auch durch seine sorgfältige Form seinen Schönheitskult, der durch das Übernatürliche, Unbekannte und durch viele Synästhesien eine eigenartige Note erhält. Wenn auch heute manches als Pose erscheinen mag, so wirkte er doch auf viele Zeitgenossen und wurde der Begründer des modernen Symbolismus.

Seine Schwester Christina Rossetti[5]) (1830—94) malte und dichtete ebenfalls von frühester Jugend an und gehörte zur „Präraffaelitischen Brüderschaft". Ihre von

---

5) M. Zaturenska, Christina Rossetti. A Portrait with Background, N. Y. 1949.

George Herbert (vgl. II, 90) und Henry Vaugham (vgl. II, 98) angeregten Hauptdichtungen sind meistens religiös gefärbt und stellen Erträumtes und Erlebtes dar. Sie begann ihre literarische Tätigkeit mit zwei Sammlungen von Versen märchenhafter Inhalte: Goblin Market and Other Poems (1862) und The Prince's Progress and Other Poems (1866), in denen besonders vom versäumten Glück, von verbotener Liebe und von der Eitelkeit der Welt gesprochen wird. Erst nachdem sich die Verfasserin wegen einer heimtückischen Krankheit so gut wie ganz von der Öffentlichkeit zurückgezogen hatte, entstanden die für sie charakteristischen Gedichtzyklen. In Annus Domini (1874) stellte sie für die Kirchenfeste in verschiedenen, der jeweiligen Stimmung angepaßten Versmaßen Betrachtungen, Gebete, lyrische Ergüsse und Heiligenlegenden zusammen. Monna Innominata (c. 1880) — die „namenlose Dame" — ist Christina selbst, die in 14 Sonetten blutenden Herzens zum Ausdruck brachte, daß ihre Liebe vor allem Gott gehören müßte.

Auch William Morris[6]) (1834—96), der sich als Sohn eines wohlhabenen Londoner Kaufmanns ganz seinen Neigungen zur Malerei, zum Kunsthandwerk und zur Dichtkunst hingeben konnte, kam zunächst über ein Schwärmen für das Mittelalter nicht hinaus. Allerdings bewies er schon durch The Defence of Guenevere and Other Poems (1858) und Death of Jason (1867), daß er es plastischer darstellen konnte als Keats, Tennyson und die meisten Präraffaeliten, bei denen die ästhetischen Gesichtspunkte im Mittelpunkt standen. Morris sah die Gestalten aus der Artussage wie lebende Menschen — nicht wie Allegorien — vor sich, und auch die Helden der Argonautensage schaute er mit den Augen eines mittelalterlichen Sängers. Rittertrachten, Schlösser, Gärten, Mauern, Gräben, Zugbrücken wußte er ebenso anschaulich und farbenprächtig zu schildern wie Waffenbrüderschaften, Minnedienst, Vasallenstolz und Rache.

[6]) M. Grennan, William Morris, Medievalist and Revolutionary, N. Y. 1945; E. Meynell, Portrait of William Morris, Ldn. 1947; L. Grey, The Life of William Morris, Ldn. 1949; J. Mackail, Biography of W. Morris, ‚The World of Classics' 521, Ldn. 1950.

Den künstlerischen Höhepunkt erreichte diese Art in den 42 000 Verse umfassenden Epos The Earthly Paradise (1868/70). Hier sind 24 Gedichte in der Art von Chaucers „Canterbury Tales" durch eine Rahmenerzählung zusammengehalten. Eine Schar von Nordmännern wird bei der Suche nach dem irdischen Paradies auf eine Insel verschlagen, die von Nachkommen der Griechen bewohnt ist. Zur Unterhaltung tauschen sie mit diesen monatlich zweimal Sagen aus der Antike und aus dem Mittelalter aus. Das irdische Paradies wird schließlich in der alle Zeiten überdauernden Poesie gefunden.

Zwei Besuche in Island beeindruckten Morris so stark, daß er germanische Sagenstoffe — darunter Beowulf und Sigurd — nachdichtete. Er selbst hielt The Story of Sigurd the Volsung (1876/77), deren Aufgliederung in großen Zügen Wagners „Ring des Nibelungen" entspricht, für seine bedeutendste dichterische Leistung. Morris blieb nicht bei dem Gedanken an die Götterdämmerung stehen, sondern suchte sich durch die Tat für eine Weltverbesserung einzusetzen. Schon 1861 hatte er die Firma Morris, Marshall und Co. zur handwerklichen Herstellung von Möbeln und Haushaltungsgegenständen gegründet. Von 1881 an kämpfte er als Sozialist für eine neue Gesellschaftsordnung und 1890 gründete er in Kelmscott eine Kunstdruckerei, die neben wertvollen Büchern auch Gobelins, Tapeten u. a. m. herstellte. So war er von seiner Schwärmerei für das Mittelalter zu praktischen Lebensaufgaben vorgestoßen, wollte die Herzen für alles Schöne öffnen und die Arbeit versittlichen.

Auch Algernon Charles Swinburne[7] (1837—1909) konnte allmählich seine Flucht aus der Gegenwart überwinden. Von Anfang an suchte er nicht Befriedigung im Mittelalter und in der Mystik, sondern im Heidentum der Griechen, bei den großen Elisabethanern und in der französischen Lyrik Th. Gautiers (1811—72) und Ch. Baudelaires (1821—67). Sein Hang zur persönlichen Freiheit bis zur Hemmungslosigkeit brachte ihn an den Rand des Todes. Unglückliche Liebeserlebnisse und Auflehnung gegen alles Konventionelle bewirkten Entrüstung.

---

7) H. Hare, Swinburne. A Biographical Approach, Ldn. 1949; K. Foss (ed.), A Swinburne Anthology, Ldn. 1955.

Das Hauptthema seiner ersten Poems and Ballads (1866) ist die Liebe, und zwar z. T. mit angedeuteten sadistischen, lesbischen und anderen widernatürlichen Motiven. In den Songs Before Sunrise (1871) hatte sich Swinburne von der übersteigerten Erotik abgewandt und seiner Zügellosigkeit auf andere Weise Luft gemacht: er ergoß seinen Haß z. B. gegen den Papst und das offizielle Christentum, schmähte England wegen seiner Untätigkeit und sah — wie Blake (vgl. S. 25 ff.) — eine Neuwertung des Lebens nur in der Hinwendung zu den Elementarkräften des Universums. Die Poems and Ballads, Second Series (1878) brachten neben weniger exstatischen Liebesgedichten Kinderlieder, imperialistische Gesänge und Verherrlichungen des Meeres (A Forsaken Garden), in dem er auch nach seinem Tode versenkt werden möchte (Ex Voto). Auch seine Studies in Song (1880) enthalten neben einer literarischen Studie in Odenform über Landor (vgl. S. 88 f.) und neben politischen Sonetten drei längere Seebilder, darunter das eindrucksvolle By the North Sea.

In der letzten Sammlung Poems and Ballads, Third Series (1889) tritt dann seine Teilnahme an Gegenwartsfragen, besonders am Imperialismus, deutlich hervor. Aus einem erwachten Gefühl des Stolzes auf England konnte er nunmehr dessen Größe an allen Gedenktagen rühmen und fanatische Haßlieder gegen Rußland und Deutschland schreiben. Unerschöpflich blieb daneben das Meerthema. Wenn er auch als lyrischster Dichter der zweiten Hälfte des 19. Jhs. gilt. so bewies er doch auch Fähigkeiten für das Epos in Tristram of Lyonesse (1882) und für das Drama (vgl. S. 154). Trotz der durch manche Inhalte erregten Widersprüche ist Swinburnes Meisterschaft im Wort und in der Form stets anerkannt worden. Er war in der Lage gewesen, in 430 Strophenarten zu dichten und durch seine Darstellungsweise stark auf den späteren Symbolismus zu wirken.

Von den anderen Dichtern, die den Präraffaeliten nahestanden, sei als erster Coventry Patmore[8]) (1823—96)

---

8) D. Patmore, The Life and Times of Coventry Patmore, Ldn. 1949.

erwähnt. In seinen Oden The Unknown Eros (1877) verband er das Thema Liebe eng mit Gedanken über Schönheit, Natur und Gott und wollte ethische Wahrheiten vermitteln, also nicht dem Standpunkt der zweckfreien Kunst huldigen. Der dekadente und zu Oscar Wilde überleitende Philip B. Marston (1850—87) beschäftigte sich in Song and Tide (1871), Wind Voices (1883) und A Last Harvest (1891) stark mit den Gefühlen der Toten oder malte die Verzweiflung einer Welt ohne Tod aus. Liebe ist dagegen wieder das Hauptthema in Arthur W. O'Shaughnessys[9]) symbolischen Liedern Music and Moonlight (1874) und Songs of a Worker (1881), während Entsagen und Todesahnen die Hauptrolle in John A. Symonds' (1840—93) Many Moods (1878), New and Old (1880) und Animi Figura (1882) spielen.

3. Gegner der Zeit

Als dritte Gruppe neben den Bejahern der Zeit und denen, die sie auszuklammern suchten, gab es in der Versdichtung die Gegner des Viktorianismus. Bei dem meistens in London lebenden Schotten James Thomson[10]) (1834—82) steigerten sich seine auf nächtlichen Wanderungen durch die Straßen gewonnenen negativen Eindrücke zu krankhaftem Pessimismus, wie er aus seinem Gedichtband The City of Dreadful Night and Other Poems (1880) hervortritt. Daß er sich gelegentlich aus seiner abgrundtiefen Verzweiflung befreien konnte, zeigen einige Stücke seiner Sammlung Vane's Story, Weddah, and Om-el-Bonain and Other Poems (1880).

Dem Hauptrepräsentanten des dritten Dichterkreises im Spätviktorianismus — George Meredith[11]) (vgl. S. 107 f. u. S. 132 f.) — gelang es, über sein erstes Stadium heftiger Kritik hinauszukommen. Die laufend neben seinen Romanen (vgl. S. 133) verfaßten, aber erst 1887 veröffentlichten Ballads and Poems of Tragic Life han-

[9]) S. Goldstein, The Poetry of Arthur O'Shaughnessy, Wisconsin 1954.

[10]) I. Walker, James Thomson, A Critical Study, Ithaca 1950.

[11]) S. Sassoon, Meredith, Ldn. 1949; L. Stevenson, The Ordeal of George Meredith, Ldn. 1954; J. Lindsay, George Meredith, Ldn. 1956.

deln noch oft von der durch Darwins Lehren verursachten Tragik des Lebens. Merediths positive Weltdeutung tritt dagegen in Poems and Lyrics of the Joy of Earth (1883) und A Reading of Earth (1888) offen zutage: Das richtige „Lesen der Erde" (= Natur) müsse zu der Erkenntnis führen, daß nicht die Überbetonung der Ratio, sondern die Harmonie zwischen ‚brain' und ‚blood' (= Triebe und Gefühle) zur Harmonie und zum Bestehen des Existenzkampfes zwecks Erhaltung und Höherentwicklung der Menschen führe. Diese Einsicht überwinde den Fatalismus und erzeuge Freude an der „Erde", auch bei den Frauen, die wichtige Lebensaufgaben zu erfüllen hätten. Damit wurde Meredith zum wichtigsten Vorläufer des modernen Vitalismus.

B. Die Prosa

Der Spätviktorianismus setzte das in den vorangehenden Jahrzehnten begonnene Zeitalter der Prosa fort, und alles über diese Gesagte (vgl. S. 108) trifft auch für die 70er und 80er Jahre zu. Auch an der Bedeutung der nebeneinander bestehenden Prosagattungen änderte sich kaum etwas. Der Roman blieb das bevorzugte Medium für die Darstellung dessen, was weite Kreise bewegte, und zwar traten die negativen Seiten des Viktorianismus immer stärker in den Brennpunkt des Interesses.

1. Der Roman

Die Vielfalt der Romanarten wuchs so an, daß es noch schwieriger wird, diese in befriedigender Weise übersichtlich zu ordnen. Von den Verfassern aus ergeben sich — ähnlich wie bei der Versdichtung — drei Hauptgruppen: erstens diejenigen, die sich im großen und ganzen mit der Kritik am Bestehenden begnügten, zweitens die, welche von der Zeit keine Notiz nahmen, und drittens die Verkünder neuer Ideale. Einige Autoren kamen schon während des Spätviktorianismus zur Entfaltung, die meisten faßten jedoch nur Fuß und wirkten sich erst im 20. Jh. voll aus.

a) Gegenwartskritik

Die erste Gruppe kann eröffnet werden mit dem schon an anderer Stelle erwähnten Middlemarch (1871/72), weil die Verfasserin George Eliot (vgl. S. 130 ff.) neben ihren psychologischen Interessen die tatsächlichen Kleinstadtverhältnisse im Auge hatte und diese stark kritisierte.

Eine viel drastischere Kritik wurde jedoch von einigen durch den französischen Naturalismus angeregten Autoren an den negativen Seiten Londons geübt, z. B. von dem in Irland geborenen, in London und Paris studierenden George Moore[1]) (1852—1933) während seiner ersten dichterischen Periode. Schon A Modern Lover (1883) führte durch eine der drei Frauen, die für einen jungen Künstler sorgen, in das Elendsviertel, das dann in A Mummer's Wife (1884) im Mittelpunkt steht. Der Verfasser zeigte nach eigenen Beoachtungen auf, wie eine Frau durch Not und übermäßigen Alkoholgenuß verkommt. Ganz in Émile Zolas (1840—1902) Art schildert er in A Drama in Muslin (1886) den rücksichtslosen Kampf der Mütter um Männer für ihre unverheirateten Töchter, die „Musselinmärtyrerinnen" eines abstoßenden Gesellschaftssystems.

Ebenso ohne jede Sentimentalität und geradezu mit Groll stellte George R. Gissing[2]) (1857—1903), der durch Diebstahl auf die schiefe Bahn geraten war und während seines harten Existenzkampfes das Londoner Elend kennengelernt hatte, die Sorgen und Nöte des Proletariats dar. The Unclassed (1884) vermittelt die Lebensläufe von einem verkommenen Mädchen und der etwas besseren Rivalin. In Demos, a Story of English Socialism (1886) werden die Fehlleistungen des Sozialismus — mit naturalistischen Schilderungen der brutalen Massen im Hintergrunde — aufgezeigt. Am unbarmherzigsten kommt Gissings Haß gegen die Ungerechtigkeit der Welt, die zu Lastern führen muß, in The Nether World (1889) zum Ausdruck.

b) Utopie und Neuromantik

Ein anderer Weg unerbittlicher Kritik war die Satire durch die Utopie. Dieses Mittels bediente sich in unüber-

[1]) S. Nejdefors-Frisk, George Moore's Naturalistic Prose, ‚Upsala Irish Studies' 3, Uppsala 1952; M. Browne, George Moore. A Reconsideration, Washington 1955.

[2]) M. Donnelly, George Gissing. Grave Comedian, Cbr./Mass. 1954.

troffener Weise Samuel Butler[3]) (1835—1902), eines Geistlichen Sohn, der seine Laufbahn als Theologe abbrach, von 1859 bis 1864 wohlhabender Schafzüchter in Neuseeland wurde und danach in London ein behagliches Leben als Maler, Musiker und Literaturkritiker (vgl. S. 152) führte. Am schärfsten nahm er gegen den Viktorianismus in dem anonym erschienenen Roman Erewhon, or Over the Range (1872) Stellung. Mr. Higgs entdeckt hinter einer Bergkette in Neuseeland ein unbekanntes Land, in dem alles — wie der Name „Erewhon" (= Nowhere) bereits andeutet — umgekehrt im Vergleich zum damaligen England ist: Betrüger, Verbrecher und Mörder werden bemitleidet und betreut, Kranke und Unglückliche aber angeklagt und bestraft. Durch diese und andere Widersinnigkeiten sollten viktorianische Heuchelei, Unfreiheit, Starrheit und falscher Autoritätsglaube angeprangert und durch humorvolle Darstellung lächerlich gemacht werden.

Zu einer entgegengesetzten Art, mit der Zeit fertig zu werden, kam der Schotte Robert Stevenson[4]) (1850—94). So wie er schon aus gesundheitlichen Gründen von der britischen Insel fliehen mußte und sich schließlich auf das romantische Südseeeiland Samoa zurückzog, so mied er auch alle Auseinandersetzungen mit dem Viktorianismus und vergnügte sich in einer aus etwas Realismus und viel Phantasie konstruierten Welt. Er begeisterte sich in einer langen Reihe von ‚Short Stories', deren Art in Amerika entwickelt worden war, an gefährlichen Abenteuern, Kämpfen und gespensterhaften Erscheinungen, z. B. in New Arabian Nights (1882). Sein Ruhm wurde durch seinen ersten längeren Abenteuerroman Treasure Island (1883) begründet, der spannend die Suche nach einem verborgenen Schatz miterleben läßt. In Prince Otto (1885) beschäftigte er sich erstmals mit

[3]) P. Furbank, Samuel Butler, Cbr. 1948; G. Cole, The Essential Samuel Butler, Ldn. 1950; Ph. Henderson, Samuel Butler. The Incarnate Bachelor, Ldn. 1953; B. Harkness, The Career of Samuel Butler, A Biography, Ldn. 1955.

[4]) D. Daiches, Robert Louis Stevenson, Norfolk/Conn. 1947; L. Cooper, Robert Louis Stevenson, The English Novelist, Ldn. 1947; M. Elwin, The Strange Case of Robert Louis Stevenson, Ldn. 1950; J. Furnas, Voyage to Winward. The Life of Robert Louis Stevenson, Ldn. 1952.

dem zweiten Ich und setzte dies Thema in dem sehr erfolgreichen The Strange Case of Dr. Jekyll and Mr. Hyde (1886) fort, wo geschildert wird, wie ein Arzt nach vielen Versuchen endlich ein Mittel findet, das animalische Böse[5]) und das geistig Edle bei sich so zu trennen, daß er entweder als gieriger Mr. Hyde oder als berühmter Dr. Jekyll leben kann. Mit Kidnapped (1886) führte der phantasiefreudige Erzähler historischen Hintergrund ein und blieb bei dieser Art in The Black Arrow (1888) und in The Master of Ballentrae (1889), der verwickelten Geschichte zweier charakterlich sehr verschiedener Brüder zu der Zeit, als Prinz Karl 1745 vergeblich versuchte, den schottischen Thron zurückzugewinnen. Stevenson machte Schule und erregte bei vielen Zeitgenossen die Lust am Abenteuerlichen und Fremdländischen.

c) Neue Lebensanschauungen

Am stärksten und bedeutungsvollsten waren unter den Romanschreibern diejenigen, welche die Kraft zu neuen Lebens- und Weltanschauungen fanden. Zu ihnen gehörte George Meredith[6]), der bereits durch vier Prosawerke während der Blütezeit des Viktorianismus hervorgetreten war (vgl. S. 133) und danach gewissermaßen zur Aufhellung seiner Poesie (vgl. S. 145 f.) einige weitere Romane schrieb. The Adventures of Harry Richmond (1871) geben etwas breit Liebesprobleme des Titelhelden zu einem Mädchen aus der höheren Gesellschaft wieder und lassen ihn aus den Illusionen erwachen, die er sich über seinen Vater, einen Scharlatan, gemacht hatte. Beauchamp's Career (1876), eine Mischung von Liebesgeschichte und Satire gegen politischen Radikalismus, wollte zu dem für das Dasein notwendigen ‚common sense' anregen, über den er sich in seinen Vorlesungen The Idea of Comedy (1877) neben dem ‚comic spirit' ausführlich äußerte. Der „komische Geist" — so meinte er — werfe sein „schräges Licht" als „Schwert des gesunden Verstandes" auf irrende Menschen, gebe sie

---

5) A. Michel, Robert Louis Stevenson. Sein Verhältnis zum Bösen, ‚Schweiz. Angl. Arb.' 21, Bern 1949.

6) O. Sitwell, The Novels of George Meredith and Some Notes on the English Novel, Ldn. 1947.

dem Gelächter preis und führe zur richtigen Wertung der „Erde" (vgl. S. 146) mit ihren natürlichen Lebenselementen.

Diese Gedanken exemplifizierte Meredith dann in seinem besten Werk The Egoist (1879), in dem die Seele des Egoisten fortwährend durch den „Scheinwerfer" seziert wird und verliert, während die Frau mit dem ‚common sense' gewinnt. Auch in Diana of the Crossways (1885) trat er für einen selbständigen, körperlich und seelisch ausgeglichenen Frauentyp ein und griff bei der Darstellung zweier Freundinnen das System der weiblichen Erziehung scharf an. Seine bis in die 90er Jahre veröffentlichten Romane, die ebenfalls zum Verständnis des vollen Menschentums führen wollten, fielen wegen ihrer unwahrscheinlichen Handlungen ab.

Im Schatten von Meredith stand während des Spätviktorianismus Sir Walter Besant (1836—1901), der zunächst mit James Rice (1844—82) zusammen einige Romane — z. B. Ready-Money Mortiboy (1872) und The Golden Butterfly (1876) — mit versöhnlicher Weltschau verfaßte, nach 1882 aber 18 Prosawerke schuf, die immer heftigere Kritik an Regierungsmaßnahmen übten und Reformvorschläge machten. All Sorts and Conditions of Men (1882) regte z. B. (1886/87) zur Errichtung von ‚The People's Palace' an, einer Unterhaltungs- und Vergnügungsstätte des Volkes.

In diese Periode gehört mit seinen ersten Romanen auch der bei Dorchester (Dorset) geborene Thomas Hardy[7]) (1840—1928), der als Sohn eines Maurers kurze Zeit Lehrling eines Architekten in London war und sich von 1867 an in seiner Heimat literarisch betätigte, für die er — zusammen mit Sussex, Hampshire und Wiltshire — den alten Namen „Wessex" aufgriff.

Mit Under the Greenwood Tree (1872) eröffnete er die Reihe seiner ‚Wessex Novels', deren wesentlichster Bestandteil die Landschaft und die mit ihr verwurzelten

---

7) C. Werber, Hardy in Wessex, His Life and Art, N. Y. 1940; E. Blunden, Thomas Hardy, ‚Engl. Men of Letters', Ldn. 1941; A. Guérard, Thomas Hardy. The Novels and Stories, Ldn. 1949; D. Hawkins, Thomas Hardy, ‚The Engl. Novelists', Ldn. 1951; E. Hardy, Thomas Hardy. A Critical Biography, Ldn. 1954; R. Purdy, Thomas Hardy. A Bibliographical Study, Ldn. 1954.

Bauern sind, die oft als „Chor" das Geschehen kommentieren. „Unter dem grünen Waldbaum" wird die Hochzeit einer etwas koketten Wildhegertochter originalgetreu geschildert. Hardys Dichterruhm wurde begründet durch Far from the Madding Crowd (1874), wo die Hauptmotive in den Prosawerken des Dichters deutlich zutage treten: Unentschlossenheit, Treulosigkeit und Teilbarkeit der Liebe, enge Verknüpfung alles Geschehens mit einem oft unbegreiflichen Weltwillen und mit der Natur. In einem seiner bedeutendsten Romane The Return of the Native (1878) spielt die Natur die Hauptrolle, indem sie die Geschicke der Bewohner bedingt. Clym wird aus Paris in die Heide zurückgezogen, Eustacia sehnt sich aus ihr hinaus. Nachdem sie sich von Clym getrennt und den Tod seiner Mutter verursacht hat, ertrinkt sie auf der Flucht aus der Heide ebenso wie ihr Geliebter, der sie retten wollte. Die fast mikroskopisch genau geschilderte Natur erscheint symbolhaft als mitleidlose Schicksalsmacht, der Mensch als haltloser Spielball.

The Trumpet Major (1880) bringt ein historisches Ereignis aus der Zeit Napoleons in Zusammenhang mit einer Liebesgeschichte, deren Beteiligte mit Wessex in Beziehung stehen. The Mayor of Casterbridge[8]) (1886) erörtert das Thema des Verhängnisses schlechter Erbanlagen: ein durch Trunksucht an seiner Frau schuldig gewordener Feldarbeiter verfällt nach 20jähriger Reue seinem alten Laster. Ein Jahr später folgte das Werk The Woodlanders (1887), in dem die Menschen, besonders der Liebhaber Giles Winterborne, wieder unlöslich mit der Natur der Heimat verbunden sind.

Hardy hatte sich durch seine ‚Wessex Novels' und auch durch andere neben ihnen erschienenen Romane einen solchen Namen gemacht, daß er es von den 90er Jahren an wagen konnte, seine bisher nur angedeuteten persönlichsten Anliegen, die ganz im Gegensatz zum Viktorianismus standen, offen auszusprechen[9]).

Zum Abschluß gehört in die Reihe der Autoren mit einer neuen Lebensschau zur Zeit des Spätviktorianismus noch

---

8) J. Harrison, Hardy's Tragic Synthesis, ‚Durham Univ. Journal' 43 (1950), 20 ff.

9) H. Webster, On a Darkling Plain. The Art and Thought of Thomas Hardy, Chicago 1947.

Henry James[10]) (1843—1916) mit seinen ersten Werken. Als gebürtiger Amerikaner, der nach vielen Reisen in Europa England zu seiner Wahlheimat machte, sah er allmählich in einer Verquickung der edelsten amerikanischen und europäischen Eigenschaften die besten Voraussetzungen für einen idealen Menschentyp. In Roderick Hudson (1875) stellte er beide Welten noch in ihrer Gegensätzlichkeit dar. The American (1877) übte starke Kritik an den gesellschaftlichen Vorurteilen Europas. An diesen geht eine junge unvoreingenommene Amerikanerin, die Titelheldin in Daisy Miller (1876), zugrunde. Dagegen gelingt der intelligenten Isabel Archer in The Portrait of a Lady (1881) nach bitteren Enttäuschungen mit einem europäisierten Amerikaner die gewünschte Synthese guter Eigenschaften verschiedener Kulturen, um ein neues Lebensideal zu begründen. In diesem besten Werk seiner ersten Schaffensperiode, der noch zwei Romane angehören, die sich mit geistigen und sozialen Problemen Amerikas befassen — Washington Square (1871) und The Bostonians (1886) — bediente sich James auch schon der von ihm später weiter entwickelten ‚single point of view'-Technik, die alles vom Standpunkt einer Person aus sieht.

2. Essays, Literaturkritik, Historiographie

Neben dem Roman bleibt auch im Spätviktorianismus der Essay weiter zur Unterhaltung oder als Mittel der Kritik auf den verschiedenen Gebieten. Walter Bagehot (1826—77) versuchte in seinen Literary Studies (1879) hinter den Werken von Wordsworth, Tennyson, Browning, Shakespeare u. a. die Dichterpersönlichkeiten aufzuspüren. Samuel Butler (vgl. S. 148) setzte sich in Life and Habit (1877), Evolution, Old and New (1879), Unconscious Memory (1870), Luck or Cunning? (1887) mit dem Darwinismus auseinander und entwickelte die Vererbungslehre in gewissem Sinne weiter. Robert L. Stevensons (vgl. S. 148 f.) zahlreiche meisterhafte Essays beschreiben Reisen — An Inland Voyage

10) F. Leavis, The Great Tradition. George Eliot — Henry James — Joseph Conrad, Ldn. 1948; J. Smith, Henry James and Robert Louis Stevenson. A Record of Friendship and Criticism, Ldn. 1948.

(1878), Travels with a Donkey in the Cevennes (1879) oder dienten der Unterhaltung, wie die Familiar Studies of Men and Books (1882).

Bei der in den 70er Jahren immer stärker werdenden Kritik am Viktorianismus ist es nicht verwunderlich, daß auch die literarischen und anderen künstlerischen Bemühungen überprüft wurden. Matthew Arnold (vgl. S. 113) entwickelte in seinen Essays in Criticism (1865 u. 1889) die Auffassung von der Kunst als Führerin zu einem höheren Sein, besonders des Mittelstandes. John A. Symonds (vgl. S. 145) bekannte sich zu den griechischen Klassikern — Studies of the Greek Poets (1873/76) — und widersprach in seiner History of the Renaissance in Italy (1875/86) den Ansichten Ruskins (vgl. S. 11 f.).

Walter H. Pater (1839—94) huldigte von den Studies in the History of the Renaissance (1873) bis zu den Appreciations (1889) mit seinem den Romantikern nahestehenden „einfühlenden Verstehen" einem ganz subjektiven, von aller Moral und Religion freien Kunstgenuß des auserlesensten Schönen. Die vier in den Imaginary Portraits (1887) dargestellten geschichtlichen Persönlichkeiten sah er als Verkörperungen der Ideen ihrer Zeiten. Durch seinen Ästhetizismus — auch in seiner Sprache — bahnte er Algernon Ch. Swinburne (vgl. S. 143 f.) den Weg, der laufend ebensolche subjektiven Dichterporträts entwickelte, wie z. B. in Essays and Studies (1875), A Study of Shakespeare (1880), A Study of Ben Jonson (1889). William Morris (vgl. S. 142 f.) bekämpfte durch seine Vorlesungen Hopes and Fears for Art (1882) und Signs of Change (1888) die mit der Renaissance beginnende Spaltung in „intellektuelle" und „dekorative" Kunst und forderte eine Erneuerung der häßlich gewordenen Welt.

In der Historiographie vollzog sich während des Spätviktorianismus der Wandel von der subjektiven literarischen zur wissenschaftlichen Betrachtungsweise. Zur ersten Gruppe gehörten außer dem schon früher erwähnten Werk von Froude (vgl. S. 111) seine späteren Veröffentlichungen — z. B. Oceana or England and Her Colonies (1886) —, ferner Alexander W. Kinglakes (1809—91) The Invasion of the Crimea (1863/87) und John R.

Greens (1837—83) A Short History of the English People (1874), The Making of England (1881) und The Conquest of England (1883). Die objektive Art erstrebten dagegen z. B. William Stubbs (1825 bis 1901) in der Constitutional History of England (1873/78), Samuel R. Gardiner (1829—1902) in seiner History of England 1603-1642 (1863/82) und John R. Seeley (1834—95) mit The Expansion of England in the 18th Century (1883). Durch diese und andere Werke hörte die Historiographie auf, ein Teilgebiet der Literaturgeschichte zu sein.

C. Das Drama

Auf der Bühne verlief bis in die 80er Jahre noch alles in den für den Viktorianismus üblichen Bahnen (vgl. S. 133 ff.). Zu den Tragödien vieler unbedeutender Verfasser kamen ein paar vaterländische Stücke von Tennyson (vgl. S. 139) hinzu. Mit seiner Trilogie Queen Mary (1875), Harold (1876) und Becket (1884) wollte er die Lücken in Shakespeares Historien ausfüllen. Mehr Erfolg erzielte er durch den an Plutarch anknüpfenden Zweiakter The Cup (1880) und durch das Zugstück The Foresters (1892), das den populären Robin Hood (vgl. II, 146) in den Mittelpunkt stellte.

Der in der Versdichtung so vielseitige Swinburne (vgl. S. 143 f.) versuchte sich ebenfalls im Drama. Seine Trilogie um Maria Stuart — Chastelard (1865), Bothwell (1871/74) und Mary Stuart (1881) — erzielten nur Achtungserfolge, und sein Blankversdrama Marino Faliero (1885) sowie die Tragödien Locrine (1887) und The Sisters (1892) leiden noch mehr an rechtem Sinn für das Dramatische.

Es fehlte auch weiterhin an einer echten Komödie. Sir William Schwenk Gilbert[1]) (1831—1911) brachte die musikalische Burleske zur höchsten Entfaltung und entwickelte zusammen mit dem Komponisten Sir Arthur Sullivan[2]) (1842—1900) in den 80er Jahren eine nationale Oper. Nach

---

[1]) W. Darlington, The World of Gilbert and Sullivan, N. Y. 1952.

[2]) A. Williamson, Gilbert and Sullivan Opera. A New Assessment, Ldn. 1953.

seinem ersten Erfolg mit The Sorcerer (1877) gefielen am besten The Mikado (1885), The Gondoliers (1889) und The Grand Duke (1896). Ähnlich anziehend waren Sir Arthur Wing Pineros[3]) (1855—1934) erste, geschickt aufgebaute Possen The Magistrate (1885), The Schoolmistress (1886) und Dandy Dick (1887), die er in den 90er Jahren fortsetzte.

Das Bedeutungsvollste für das spätviktorianische Theater war die Bekanntschaft mit dem neuen Problemdrama des Norwegers Henrik Ibsen (1828—1906), der in technisch vollkommenen Stücken scharfe Kritik an der Gesellschaft übte. Durch ihn wurden die Neigungen entfaltet, die sich bereits bei Thomas W. Robertson (vgl. S. 136) u. a. zeigten, aber zu seiner Zeit noch nicht hochkommen konnten. Die ersten, die Ibsen in England bekannt machten, waren Edmund Gosse (1849—1928), der von 1872 bis 1874 Skandinavien bereiste, und William Archer (1856—1924), der in den 80er Jahren drei kritische Schriften über das englische Theater verfaßte und Ibsen ins Englische übersetzte. Das erste Stück von diesem — „Die Stützen der Gesellschaft" — wurde 1880 als Quicksands im ‚Gaiety Theatre' aufgeführt. Von dann ab gewann er immer mehr Boden, lieferte in den 90er Jahren fast ausschließlich das Repertoire des ‚Independent Theatre' und führte endlich im 20. Jh. wieder zu dem lebensvollen Drama.

Auf dem Wege dahin kann als einer der frühesten Henry Arthur Jones[4]) (1851—1929) mit seinen sozialistischen Werken hier abschließend genannt werden: The Silver King (1882), Saints and Sinners (1884) und Judah (1890) griffen die verschiedenen Schäden der Zeit an und bekämpften in natürlicher Sprache vor allem den Krämergeist, die Prüderie und die Scheinheiligkeit. Fort von allen Lebenslügen — hin zur unbedingten Wahrheit, wurde die Devise des modernen Dramas.

---

3) W. Dunkel, Sir Arthur Pinero. A Critical Biography with Letters, Chicago 1941.

4) M. Northend, Henry Arthur Jones and the Development of the Modern English Drama, RESt 18 (1942), 448 ff.

Namenverzeichnis

Sachverzeichnis

Inhaltsübersicht

Geisteswissenschaften

Philosophie

Einführung in die Philosophie von *H. Leisegang* †. 3. Auflage. 145 Seiten. 1957. (*281*)

Hauptprobleme der Philosophie von *G. Simmel* †. 7., unveränderte Auflage. 177 Seiten. 1950. (*500*)

Geschichte der Philosophie

I: Die griechische Philosophie von *W. Capelle*. 1. Teil. Von Thales bis Leukippos. 2., erweiterte Auflage. 135 Seiten. 1953. (*857*)

II: Die griechische Philosophie von *W. Capelle*. 2. Teil. Von der Sophistik bis zum Tode Platons. 2., stark erweiterte Auflage. 144 Seiten. 1953. (*858*)

III: Die griechische Philosophie von *W. Capelle*. 3. Teil. Vom Tode Platons bis zur Alten Stoa. 2., stark erweiterte Auflage. 132 Seiten. 1954. (*859*)

IV: Die griechische Philosophie von *W. Capelle*. 4. Teil. Von der Alten Stoa bis zum Eklektizismus im 1. Jahrh. v. Chr. 2., stark erweiterte Auflage. 132 Seiten. 1954. (*863*)

V: Die Philosophie des Mittelalters von *J. Koch*. In Vorbereitung. (*826*)

VI: Von der Renaissance bis Kant von *K. Schilling*. 234 Seiten. 1954. (*394/394a*)

VII: Immanuel Kant von *G. Lehmann*. In Vorbereitung. (*536*)

VIII: Die Philosophie des 19. Jahrhunderts von *G. Lehmann*. 1. Teil. 151 Seiten. 1953. (*571*)

IX: Die Philosophie des 19. Jahrhunderts von *G. Lehmann*. 2. Teil. 168 Seiten. 1953. (*709*)

X: Die Philosophie im ersten Drittel des 20. Jahrhunderts I von *G. Lehmann*. 128 Seiten. 1957. (*845*)

Die geistige Situation der Zeit (1931) von *K. Jaspers*. 4., unveränderter Abdruck der 1932 bearbeiteten 5. Auflage. 211 Seiten. 1955. (*1000*)

Erkenntnistheorie von *G. Kropp*

I. Teil: Allgemeine Grundlegung. 143 Seiten. 1950. (*807*)

Formale Logik von *P. Lorenzen*. 165 Seiten. 1958. (*1176/1176a*)

Philosophisches Wörterbuch von *M. Apel* †. 5., völlig neubearbeitete Auflage von *P. Ludz*. 315 Seiten. 1958. (*1031/1031a*)

Philosophische Anthropologie. Menschliche Selbstdeutung in Geschichte und Gegenwart von *M. Landmann*. 266 Seiten. 1955. (*156/156a*)

Pädagogik, Psychologie, Soziologie

Geschichte der Pädagogik von *Herm. Weimer*. 13., durchgesehene und vermehrte Auflage von *Heinz Weimer*. 178 Seiten. 1958. (*145*)

Therapeutische Psychologie. Ihr Weg durch die Psychoanalyse von *W. M. Kranefeldt*. Mit einer Einführung von *C. G. Jung*. 3. Auflage. 152 Seiten. 1956. (*1034*)

Allgemeine Psychologie von *Th. Erismann.* 3 Bände.
I: Grundprobleme. 2., neubearbeitete Auflage. 146 Seiten. 1958. (*831*)
II: Grundarten des psychischen Geschehens. 248 Seiten. 1959. (*832/832a*)
III: Psychologie der Persönlichkeit. In Vorbereitung. (*833*)

Soziologie. Geschichte und Hauptprobleme von *L. von Wiese.* 5. Auflage. 162 Seiten. 1954. (*101*)

Sozialpsychologie von *P. R. Hofstätter.* 181 Seiten, 15 Abbildungen, 22 Tabellen. 1956. (*104/104a*)

Empirische Sozialforschung von *G. K. Specht.* 1959. In Vorbereitung. (*1175*)

Psychologie des Berufs- und Wirtschaftslebens von *W. Moede* †. 190 Seiten, 48 Abbildungen. 1958. (*851/851a*)

Industrie- und Betriebssoziologie von *R. Dahrendorf.* 120 Seiten. 1956. (*103*)

Religionswissenschaften

Jesus von *M. Dibelius* †. 2. Auflage. Unveränderter Nachdruck. 141 Seiten. 1949. (*1130*)

Paulus von *M. Dibelius* †. Nach dem Tode des Verfassers herausgegeben und zu Ende geführt von *W. G. Kümmel.* 2., durchgesehene Auflage. 155 Seiten. 1956. (*1160*)

Luther von *F. Lau.* 151 Seiten. 1959. (*1187*)

Römische Religionsgeschichte von *F. Altheim.* 2 Bände. 2., umgearbeitete Auflage.
I: Grundlagen und Grundbegriffe. 116 Seiten. 1956. (*1035*)
II: Der geschichtliche Ablauf. 164 Seiten. 1956. (*1052*)

Geschichte Israels. Von den Anfängen bis zur Zerstörung des Tempels (70 n. Chr.) von *E. L. Ehrlich.* 158 Seiten, 1 Tafel. 1958. (*231/231a*)

Musik

Musikästhetik von *H. J. Moser.* 180 Seiten. Mit zahlreichen Notenbeispielen. 1953. (*344*)

Systematische Modulation von *R. Hernried.* 2. Auflage. 136 Seiten. Mit zahlreichen Notenbeispielen. 1950. (*1094*)

Der polyphone Satz von *E. Pepping.* 2 Bände.
I: Der cantus-firmus-Satz. 2. Auflage. 223 Seiten. Mit zahlreichen Notenbeispielen. 1950. (*1148*)
II: Übungen im doppelten Kontrapunkt und im Kanon. 137 Seiten. Mit zahlreichen Notenbeispielen. 1957. (*1164/1164a*)

Allgemeine Musiklehre von *H. J. Moser.* 2., durchgesehene Auflage. 155 Seiten. Mit zahlreichen Notenbeispielen. 1955. (*220/220a*)

Harmonielehre von *H. J. Moser.* 2 Bände.
I: 109 Seiten. Mit 120 Notenbeispielen. 1954. (*809*)

Die Musik des 19. Jahrhunderts von *W. Oehlmann.* 180 Seiten. 1953. (*170*)

Die Musik des 20. Jahrhunderts von *W. Oehlmann.* 1959. In Vorbereitung. (*171/171a*)

Technik der deutschen Gesangskunst von *H. J. Moser.* 3., durchgesehene und verbesserte Auflage. 144 Seiten, 5 Figuren sowie Tabellen und Notenbeispiele. 1954. (*576/576a*)

Die Kunst des Dirigierens von *H. W. von Waltershausen* †. 2., vermehrte Auflage. 138 Seiten. Mit 19 Notenbeispielen. 1954. (*1147*)

Die Technik des Klavierspiels aus dem Geiste des musikalischen Kunstwerkes von *K. Schubert* †. 3. Auflage. 110 Seiten. Mit Notenbeispielen. 1954. (*1045*)

Kunst

Stilkunde von *H. Weigert*. 2 Bände. 3., durchgesehene und ergänzte Auflage.
I: Vorzeit, Antike, Mittelalter. 136 Seiten, 94 Abbildungen. 1958. (*80*)
II: Spätmittelalter und Neuzeit. 150 Seiten, 88 Abbildungen. 1958. (*781*)

Archäologie von *A. Rumpf*. 2 Bände.
I: Einleitung, historischer Überblick. 143 Seiten, 6 Abbildungen, 12 Tafeln. 1953. (*538*)
II: Die Archäologensprache. Die antiken Reproduktionen. 136 Seiten, 7 Abbildungen, 12 Tafeln. 1956. (*539*)

Geschichte

Einführung in die Geschichtswissenschaft von *P. Kirn*. 3., durchgesehene Auflage. 128 Seiten. 1959. (*270*)

Zeitrechnung der römischen Kaiserzeit, des Mittelalters und der Neuzeit für die Jahre 1—2000 n. Chr. von *H. Lietzmann* †. 3. Auflage, durchgesehen von *K. Aland*. 130 Seiten. 1956. (*1085*)

Kultur der Urzeit von *F. Behn*. 3 Bände. 4. Auflage der Kultur der Urzeit Bd. 1—3 von *M. Hoernes*.
I: Die vormetallischen Kulturen. (Die Steinzeiten Europas. Gleichartige Kulturen in anderen Erdteilen.) 172 Seiten, 48 Abbildungen. 1950. (*564*)
II: Die älteren Metallkulturen. (Der Beginn der Metallbenutzung. Kupfer- und Bronzezeit in Europa, im Orient und in Amerika.) 160 Seiten, 67 Abbildungen. 1950. (*565*)
III: Die jüngeren Metallkulturen. (Das Eisen als Kulturmetall, Hallstatt-Latène-Kultur in Europa. Das erste Auftreten des Eisens in den anderen Weltteilen.) 149 Seiten, 60 Abbildungen. 1950. (*566*)

Vorgeschichte Europas von *F. Behn*. Völlig neue Bearbeitung der 7. Auflage der „Urgeschichte der Menschheit" von *M. Hoernes*. 125 Seiten, 47 Abbildungen. 1949. (*42*)

Der Eintritt der Germanen in die Geschichte von *J. Haller* †. 3. Auflage, durchgesehen von *H. Dannenbauer*. 120 Seiten, 6 Kartenskizzen. 1957. (*1117*)

Von den Karolingern zu den Staufern. Die altdeutsche Kaiserzeit (900—1250) von *J. Haller* †. 4., durchgesehene Auflage von *H. Dannenbauer*. 142 Seiten, 4 Karten. 1958. (*1065*)

Deutsche Geschichte im Zeitalter der Reformation, der Gegenreformation und des dreißigjährigen Krieges von *F. Hartung*. 129 Seiten. 1951. (*1105*)

Deutsche Geschichte von 1648—1740. Politischer und geistiger Wiederaufbau von *W. Treue*. 120 Seiten. 1956. (*35*)

Deutsche Geschichte von 1713—1806 von *W. Treue*. 168 Seiten. 1957. (*39*)

Deutsche Geschichte von 1807—1871 von *W. Treue*. In Vorbereitung. (*893*)

Deutsche Geschichte von 1871 bis zur Gegenwart von *W. Treue*. In Vorbereitung (*894*)

Quellenkunde der Deutschen Geschichte im Mittelalter (bis zur Mitte des 15. Jahrhunderts) von *K. Jacob* †. 3 Bände.
I: Einleitung. Allgemeiner Teil. Die Zeit der Karolinger. 6., neubearbeitete Auflage von *H. Hohenleutner*. In Vorbereitung. (*279*)
II: Die Kaiserzeit (911—1250). 5., neubearbeitete Auflage von *H. Hohenleutner* 1959. In Vorbereitung. (*280*)
III: Das Spätmittelalter (vom Interregnum bis 1500). Herausgegeben von *F. Weden*. 152 Seiten. 1952. (*284*)

Geschichte Englands von *H. Preller* 2 Bände.
I: bis 1815. 3., stark umgearbeitete Auflage. 135 Seiten, 7 Stammtafeln, 2 Karten. 1952. (*375*)
II: Von 1815 bis 1910. 2., völlig umgearbeitete Auflage. 118 Seiten, 1 Stammtafel, 7 Karten. 1954. (*1088*)

Römische Geschichte von *F. Altheim*. 4 Bände. 2., verbesserte Auflage.
I: Bis zur Schlacht bei Pydna (168 v. Chr.). 124 Seiten. 1956. (*19*)
II: Bis zur Schlacht bei Actium (31 v. Chr.). 129 Seiten. 1956. (*677*)
III: Bis zur Schlacht an der Milvischen Brücke (312 n. Chr.). 148 Seiten. 1958. (*679*)
IV: Bis zur Schlacht am Yarmuk (636 n. Chr.). In Vorbereitung. (*684*)

Geschichte der Vereinigten Staaten von Amerika von *O. Graf zu Stolberg-Wernigerode*. 192 Seiten, 10 Karten. 1956. (*1051/1051a*)

Deutsche Sprache und Literatur

Geschichte der Deutschen Sprache von *H. Sperber*. 3. Auflage, besorgt von *W. Fleischbauer*. 128 Seiten. 1958. (*915*)

Deutsches Rechtschreibungswörterbuch von *M. Gottschald* † 2., verbesserte Auflage. 219 Seiten. 1953. (*200/200a*)

Deutsche Wortkunde. Eine kulturgeschichtliche Betrachtung des deutschen Wortschatzes von *A. Schirmer*. 3., durchgesehene Auflage. 109 Seiten. 1949. (*929*)

Deutsche Sprachlehre von *W. Hofstaetter*. 9., neubearbeitete Auflage von *G. Spree*. 144 Seiten. 1953. (*20*)

Stimmkunde für Beruf, Kunst und Heilzwecke von *H. Biehle*. 111 Seiten. 1955. (*60*)

Redetechnik. Einführung in die Rhetorik von *H. Biehle*. 115 Seiten. 1954. (*61*)

Sprechen und Sprachpflege (Die Kunst des Sprechens) von *H. Feist*. 2., verbesserte Auflage. 99 Seiten, 25 Abbildungen. 1952. (*1122*)

Deutsches Dichten und Denken von der germanischen bis zur staufischen Zeit von *H. Naumann* † (Deutsche Literatur vom 5.—13. Jahrhundert.) 2., verbesserte Auflage. 166 Seiten. 1952. (*1121*)

Deutsches Dichten und Denken vom Mittelalter zur Neuzeit von *G. Müller* (1270 bis 1700). 2., durchgesehene Auflage. 159 Seiten. 1949. (*1086*)

Deutsches Dichten und Denken von der Aufklärung bis zum Realismus (Deutsche Literaturgeschichte von 1700—1890) von *K. Viëtor* †. 3., durchgesehene Auflage. 159 Seiten. 1958. (*1096*)

Der Nibelunge Nôt in Auswahl mit kurzem Wörterbuch von *K. Langosch.* 10., durchgesehene Auflage. 164 Seiten. 1956. (*1*)

Kudrun- und Dietrich-Epen in Auswahl mit Wörterbuch von *O. L. Jiriczek.* 6. Auflage, bearbeitet von *R. Wisniewski.* 173 Seiten. 1957. (*10*)

Wolfram von Eschenbach. Parzival. Eine Auswahl mit Anmerkungen und Wörterbuch von *H. Jantzen.* 2. Auflage, bearbeitet von *H. Kolb.* 128 Seiten. 1957 (*921*)

Hartmann von Aue Der arme Heinrich nebst einer Auswahl aus der „Klage", dem „Gregorius" und den Liedern (mit einem Wörterverzeichnis) herausgegeben von *F. Maurer* 96 Seiten. 1958. (*18*)

Gottfried von Strassburg von *F. Maurer* 142 Seiten, 1959. (*22*)

Die deutschen Personennamen von *M. Gottschald* † 2., verbesserte Auflage. 151 Seiten. 1955 (*422*)

Althochdeutsches Elementarbuch. Grammatik und Texte von *H. Naumann* † und *W. Betz.* 2., verbesserte und vermehrte Auflage. 156 Seiten. 1954. (*1111*)

Mittelhochdeutsche Grammatik von *H. de Boor* und *R. Wisniewski.* 141 Seiten. 1956. (*1108*)

Indogermanisch, Germanisch

Indogermanische Sprachwissenschaft von *H. Krahe.* 2 Bände. 3., neubearbeitete Aufl.
I: Einleitung und Lautlehre. 106 Seiten. 1958. (*59*)
II: Formenlehre. 100 Seiten. 1959. (*64*)

Gotisches Elementarbuch. Grammatik, Texte mit Übersetzung und Erläuterungen mit einer Einleitung von *H. Hempel.* 2., umgearbeitete Aufl. 165 Seiten. 1953. (*79*)

Germanische Sprachwissenschaft von *H. Krahe.* 2 Bände. 3., neubearbeitete Auflage.
I: Einleitung und Lautlehre. 147 Seiten. 1956. (*238*)
II: Formenlehre. 149 Seiten. 1957 (*780*)

Altnordisches Elementarbuch. Schrift, Sprache, Texte mit Übersetzung und Wörterbuch von *F. Ranke.* 2., durchgesehene Auflage. 146 Seiten. 1949. (*1115*)

Englisch, Romanisch

Altenglisches Elementarbuch von *M. Lehnert* Einführung, Grammatik, Texte mit Übersetzung und Wörterbuch. 4., verbesserte Auflage. 178 Seiten. 1959. (*1125*)

Historische neuenglische Laut- und Formenlehre von *E. Ekwall.* 3., durchgesehene Auflage. 150 Seiten. 1956. (*735*)

Englische Phonetik von *H. Mutschmann* † 117 Seiten. 1956. (*601*)

Englische Literaturgeschichte von *F. Schubel.* 4 Bände.
I: Die alt- und mittelenglische Periode. 163 Seiten. 1954. (*1114*)
II: Von der Renaissance bis zur Aufklärung. 160 Seiten. 1956. (*1116*)
III: Romantik und Viktorianismus. 1959. In Vorbereitung. (*1124*)

Beowulf von *M. Lehnert*. Eine Auswahl mit Einführung, teilweiser Übersetzung, Anmerkungen und etymologischem Wörterbuch. 3., verbesserte Auflage. 135 Seiten. 1959. (*1135*)

Shakespeare von *P. Meißner* †. 2. Auflage, neubearbeitet von *M. Lehnert*. 136 Seiten. 1954. (*1142*)

Italienische Literaturgeschichte von *K. Voßler* †. Unveränderter Nachdruck der 1927 erschienenen 4., durchgesehenen und verbesserten Auflage. 148 Seiten. 1948. (*125*)

Romanische Sprachwissenschaft von *H. Lausberg*. 2 Bände.
I: Einleitung und Vokalismus. 160 Seiten. 1956. (*128/128a*)
II: Konsonantismus. 95 Seiten. 1956. (*250*)

Griechisch, Lateinisch

Griechische Sprachwissenschaft von *W. Brandenstein*. 2 Bände.
I: Einleitung, Lautsystem, Etymologie. 160 Seiten. 1954. (*117*)
II: Wortbildung und Formenlehre. 192 Seiten. 1959. (*118/118a*)

Geschichte der griechischen Sprache. 2 Bände.
I: Bis zum Ausgang der klassischen Zeit von *O. Hoffmann* †. 3. Auflage bearbeitet von *A. Debrunner* †. 156 Seiten. 1953. (*111*)
II: Grundfragen und Grundzüge des nachklassischen Griechisch von *A. Debrunner* †. 144 Seiten. 1954. (*114*)

Geschichte der lateinischen Sprache von *F. Stolz* †. 3., stark umgearbeitete Auflage von *A. Debrunner* †. 136 Seiten. 1953. (*492*)

Hebräisch, Sanskrit, Russisch

Hebräische Grammatik von *G. Beer* †. 2 Bände. 2., völlig neubearbeitete Auflage von *R. Meyer*.
I: Schrift-, Laut- und Formenlehre I. 157 Seiten. 1952. (*763/763a*)
II: Formenlehre II. Syntax und Flexionstabellen. 195 Seiten. 1955. (*764/764a*)

Hebräisches Textbuch von *R. Meyer*. In Vorbereitung. (*769/769a*)

Sanskrit-Grammatik von *M. Mayrhofer*. 89 Seiten. 1953. (*1158*)

Russische Grammatik von *E. Berneker* †. 6., unveränderte Auflage von *M. Vasmer*. 155 Seiten. 1947. (*66*)

Erd- und Länderkunde

Afrika von *F. Jaeger*. Ein geographischer Überblick. 2 Bände. 2., umgearbeitete Auflage.
I: Der Lebensraum. 179 Seiten, 18 Abbildungen. 1954. (*910*)
II: Mensch und Kultur. 155 Seiten, 6 Abbildungen. 1954. (*911*)

Australien und Ozeanien von *H. J. Krug*. 176 Seiten, 46 Skizzen. 1953. (*319*)

Volkswirtschaft, Statistik, Publizistik

Allgemeine Betriebswirtschaftslehre von *K. Mellerowicz*. 4 Bände. 10., erweiterte und veränderte Auflage.
I: 224 Seiten. 1958. (*1008/1008a*)
II: 188 Seiten. 1959. (*1153/1153a*)
III: 260 Seiten. 1959. (*1154/1154a*)
IV: 209 Seiten. 1959. (*1186/1186a*)
Diese 4 Bände sind auch in Ganzleinen gebunden zum Preise von je DM 6,30 lieferbar.

Allgemeine Volkswirtschaftslehre von *A. Paulsen*. 4 Bände.
I: Grundlegung, Wirtschaftskreislauf. 3., durchgesehene und ergänzte Auflage. 148 Seiten. 1959. (*1169*)
II: Haushalte, Unternehmungen, Marktformen. 2., durchgesehene und ergänzte Auflage. 164 Seiten, 32 Abbildungen. 1958. (*1170*)
III: Produktionsfaktoren, Geldwesen. 184 Seiten. 1959. (*1171*)
IV: Gesamtbeschäftigung, Konjunktur, Wachstum. In Vorbereitung. (*1172*)

Finanzwissenschaft von *H. Kolms*. 4 Bände.
I: Grundlegung. Öffentliche Ausgaben. 160 Seiten. 1959. (*148*)
II: Erwerbseinkünfte, Gebühren und Beiträge; Allgemeine Steuerlehre. 1959. In Vorbereitung. (*391*)
III: Besondere Steuerlehre. In Vorbereitung. (*776*)
IV: Öffentlicher Kredit. Haushaltswesen. Finanzausgleich. In Vorbereitung. (*782*)

Finanzmathematik von *M. Nicolas*. 192 Seiten, 11 Tafeln, 8 Tabellen und 72 Beispiele. 1959. (*1183/1183a*)

Industrie- und Betriebssoziologie von *R. Dahrendorf*. 120 Seiten. 1956. (*103*)

Psychologie des Berufs- und Wirtschaftslebens von *W. Moede* †. 190 Seiten. 48 Abbildungen. 1958. (*851/851a*)

Allgemeine Methodenlehre der Statistik von *J. Pfanzagl*. 2 Bände.
I: 1959. In Vorbereitung. (*746/746a*)

Zeitungslehre von *E. Dovifat*. 2 Bände. 3., neubearbeitete Auflage.
I: Theoretische und rechtliche Grundlagen — Nachricht und Meinung — Sprache und Form. 148 Seiten. 1955. (*1039*)
II: Redaktion — Die Sparten: Verlag und Vertrieb, Wirtschaft und Technik, Sicherung der öffentlichen Aufgabe. 158 Seiten. 1955. (*1040*)

Naturwissenschaften

Mathematik

Geschichte der Mathematik von J. E. Hofmann. 3 Bände.
I: Von den Anfängen bis zum Auftreten von Fermat und Descartes. 200 Seiten. 1953. (*226*)
II: Von Fermat und Descartes bis zur Erfindung des Calculus und bis zum Ausbau der neuen Methoden. 109 Seiten. 1957. (*875*)
III: Von den Auseinandersetzungen um den Calculus bis zur französischen Revolution. 107 Seiten. 1957. (*882*)

NATURWISSENSCHAFTEN

Mathematische Formelsammlung von *F. Ringleb.* Vollständig umgearbeitete Neuausgabe des Werkes von *O. Th. Bürklen* †. 6., erweiterte Auflage. 278 Seiten, 37 Fig. 1956. (*51/51a*)

Fünfstellige Logarithmen von *A. Adler* Mit mehreren graphischen Rechentafeln und häufig vorkommenden Zahlenwerten. 3 Auflage. 127 Seiten, 1 Tafel. 1959. (*423*)

Arithmetik von *P B Fischer* †. 3. Auflage von *H Rohrbach.* 152 Seiten, 19 Abbildungen. 1958. (*47*)

Höhere Algebra von *H Hasse.* 2 Bände. 4., durchgesehene Auflage.
I: Lineare Gleichungen. 152 Seiten. 1957 (*931*)
II: Gleichungen höheren Grades. 158 Seiten, 5 Figuren. 1958. (*932*)

Aufgabensammlung zur höheren Algebra von *H Hasse* und *W Klobe* 2., verbesserte und vermehrte Auflage 181 Seiten. 1952. (*1082*)

Elementare und klassische Algebra vom modernen Standpunkt von *W Krull.* 2 Bände.
I. 2., erweiterte Auflage 136 Seiten. 1952. (*930*)
II: 132 Seiten. 1959. (*933*)

Einführung in die Zahlentheorie von *A Scholz* † Überarbeitet und herausgegeben von *B. Schoeneberg.* 2. Auflage 128 Seiten. 1955 (*1131*)

Formale Logik von *P Lorenzen.* 165 Seiten. 1958. (*1176/1176a*)

Elemente der Funktionentheorie von *K Knopp* † 4. Auflage 144 Seiten, 23 Figuren. 1955 (*1109*)

Funktionentheorie von *K Knopp* †. 2 Bände.
I: Grundlagen der allgemeinen Theorie der analytischen Funktionen. 9., neubearbeitete Auflage 144 Seiten, 8 Figuren. 1957. (*668*)
II: Anwendungen und Weiterführung der allgemeinen Theorie 8./9. Auflage. 130 Seiten, 7 Figuren. 1955 (*703*)

Aufgabensammlung zur Funktionentheorie von *K Knopp* † 2 Bände.
I: Aufgaben zur elementaren Funktionentheorie. 5. Auflage. 135 Seiten. 1957 (*877*)
II: Aufgaben zur höheren Funktionentheorie 5 Auflage 144 Seiten. 1959. (*878*)

Gewöhnliche Differentialgleichungen von *G. Hoheisel.* 5., durchgesehene Auflage. 129 Seiten. 1956. (*920*)

Partielle Differentialgleichungen von *G. Hoheisel.* 3., neubearbeitete Auflage. 130 Seiten. 1953. (1003)

Aufgabensammlung zu den gewöhnlichen und partiellen Differentialgleichungen von *G Hoheisel.* 3., durchgesehene und verbesserte Auflage. 124 Seiten. 1958. (*1059*)

Integralgleichungen von *G. Hoheisel.* 2., durchgesehene Auflage 1959. In Vorbereitg. (*1099*)

Mengenlehre von *E. Kamke.* 3., neubearbeitete Auflage 194 Seiten, 6 Figuren. 1955 (*999/999a*)

Gruppentheorie von *L. Baumgartner* 3., neubearbeitete Auflage. 110 Seiten, 3 Tafeln. 1958. (*837*)

Ebene und sphärische Trigonometrie von *G. Hessenberg*† 5. Auflage, durchgesehen von *H. Kneser.* 172 Seiten, 60 Figuren. 1957. (*99*)

Darstellende Geometrie von *W. Haack*. 3 Bände.
I: Die wichtigsten Darstellungsmethoden. Grund- und Aufriß ebenflächiger Körper. 2., durchgesehene und ergänzte Auflage. 113 Seiten, 120 Abbildungen. 1958. (*142*)
II: Körper mit krummen Begrenzungsflächen. Kotierte Projektionen. 2., durchgesehene und ergänzte Auflage. 129 Seiten, 86 Abbildungen. 1959. (*143*)
III: Axonometrie und Perspektive. 127 Seiten, 100 Abbildungen. 1957. (*144*)

Analytische Geometrie von *K. P. Grotemeyer*. 202 Seiten, 73 Abbildungen. 1958. (*65/65a*)

Nichteuklidische Geometrie. Hyperbolische Geometrie der Ebene von *R. Baldus* †. Durchgesehen und herausgegeben von *F. Löbell*. 3., verbesserte Auflage. 140 Seiten, 70 Figuren. 1953. (*970*)

Differentialgeometrie von *K. Strubecker* (früher *Rothe*). 3 Bände.
I: Kurventheorie der Ebene und des Raumes. 150 Seiten, 18 Figuren. 1955. (*1113/1113a*)
II: Theorie der Flächenmetrik. 195 Seiten, 14 Figuren. 1958. (*1179/1179a*)
III: Theorie der Flächenkrümmung. 254 Seiten, 38 Figuren. 1959. (*1180/1180a*)

Einführung in die konforme Abbildung von *L. Bieberbach*. 5., erweiterte Auflage. 180 Seiten, 42 Figuren. 1956. (*768/768a*)

Vektoren und Matrizen von *S. Valentiner*. 8., erweiterte Auflage der „Vektoranalysis". Mit Anhang: Aufgaben zur Vektorrechnung von *H. König*. 202 Seiten, 35 Figuren. 1958. (*354/354a*)

Versicherungsmathematik von *F. Böhm*. 2 Bände.
I: Elemente der Versicherungsrechnung. 3., vermehrte und verbesserte Auflage. Durchgesehener Neudruck. 151 Seiten. 1953. (*180*)
II: Lebensversicherungsmathematik. Einführung in die technischen Grundlagen der Sozialversicherung. 2., verbesserte und vermehrte Auflage. 205 Seiten. 1953. (*917/917a*)

Finanzmathematik von *M. Nicolas*. 192 Seiten, 11 Tafeln, 8 Tabellen und 72 Beispiele. 1959. (*1183/1183a*)

Physik

Einführung in die theoretische Physik von *W. Döring*. 5 Bände.
I: Mechanik. 119 Seiten, 29 Abbildungen. 1954. (*76*)
II: Das elektromagnetische Feld. 122 Seiten, 15 Abbildungen. 1955. (*77*)
III: Optik. 117 Seiten, 32 Abbildungen. 1956. (*78*)
IV: Thermodynamik. 107 Seiten, 9 Abbildungen. 1956. (*374*)
V: Statistische Mechanik. 114 Seiten, 12 Abbildungen. 1957. (*1017*)

Atomphysik von *K. Bechert* und *Ch. Gerthsen* †. 7 Bände.
I: Allgemeine Grundlagen. 1. Teil. 4., durchgesehene Auflage von *A. Flammersfeld*. 124 Seiten, 35 Abbildungen. 1959. (*1009*)
II: Allgemeine Grundlagen. 2. Teil. 3., umgearbeitete Auflage. 112 Seiten, 48 Abbildungen. 1955. (*1033*)
III: Theorie des Atombaus. 1. Teil. 3., umgearbeitete Auflage. 148 Seiten, 16 Abbildungen. 1954. (*1123/1123a*)
IV: Theorie des Atombaus. 2. Teil. 3., umgearbeitete Auflage. 170 Seiten, 14 Abbildungen. 1954. (*1165/1165a*)

Differentialgleichungen der Physik von *F. Sauter*. 3., durchgesehene und ergänzte Auflage. 148 Seiten, 16 Figuren. 1958. (*1070*)

Physikalische Formelsammlung von *G. Mahler* †. Neubearbeitet von *K. Mahler*. 10., durchgesehene Auflage. 153 Seiten, 69 Figuren. 1959. (*136*)

Physikalische Aufgabensammlung von *G. Mahler* †. Neubearbeitet von *K. Mahler*. Mit den Ergebnissen. 10., durchgesehene Auflage. 127 Seiten. 1959. (*243*)

Chemie

Geschichte der Chemie in kurzgefaßter Darstellung von *G. Lockemann*. 2 Bände.
I: Vom Altertum bis zur Entdeckung des Sauerstoffs. 142 Seiten, 8 Bildnisse. 1950. (*264*)
II: Von der Entdeckung des Sauerstoffs bis zur Gegenwart. 151 Seiten, 16 Bildnisse. 1955. (*265/265a*)

Anorganische Chemie von *W. Klemm*. 10., überarbeitete und ergänzte Auflage. 185 Seiten, 18 Abbildungen. 1958. (*37*)

Organische Chemie von *W. Schlenk*. 7., erweiterte Auflage. 269 Seiten, 16 Abbildungen. 1957. (*38/38a*)

Physikalische Methoden der Organischen Chemie von *G. Kresze*. 1959. In Vorbereitung. (*44*)

Allgemeine und physikalische Chemie von *W. Schulze*. 2 Bände. 4., neubearb. Aufl.
I: 139 Seiten, 10 Figuren. 1955. (*71*)
II: 176 Seiten, 37 Figuren. 1956. (*698/698a*)

Molekülbau. Theoretische Grundlagen und Methoden der Strukturermittlung von *W. Schulze*. 123 Seiten, 43 Figuren. 1958. (*786*)

Physikalisch-chemische Rechenaufgaben von *E. Asmus*. 3., verbesserte Auflage. 96 Seiten. 1958. (*445*)

Analytische Chemie von *J. Hoppe*. 2 Bände. 5., verbesserte Auflage.
I: Reaktionen. 135 Seiten. 1950. (*247*)

Maßanalyse. Theorie und Praxis der klassischen und der elektrochemischen Titrierverfahren von *G. Jander* und *K. F. Jahr*. 8., durchgesehene und ergänzte Auflage. 313 Seiten, 49 Figuren. 1959. (*221/221a*)

Thermochemie von *W. A. Roth* †. 2., verbesserte Auflage. 109 Seiten, 16 Figuren. 1952. (*1057*)

Stöchiometrische Aufgabensammlung von *W. Bahrdt* † und *R. Scheer*. Mit den Ergebnissen. 6., durchgesehene Auflage. 118 Seiten. 1957. (*452*)

Technologie

Die Chemie der Kunststoffe von *K. Hamann*. 1959. In Vorbereitung. (*1173*)

Warenkunde von *K. Hassak* † und *E. Beutel* †. 2 Bände.
I: Anorganische Waren sowie Kohle und Erdöl. 8. Auflage. Neubearbeitet von *A. Kutzelnigg*. 119 Seiten, 18 Figuren. 1958. (*222*)
II: Organische Waren. 7. Auflage. Neubearbeitet von *A. Kutzelnigg*. 143 Seiten, 32 Figuren. 1949. (*223*)

Die Fette und Öle von *K. Braun* †. 5., völlig neubearbeitete und verbesserte Auflage von *Th. Klug*. 145 Seiten. 1950. (*335*)

Die Seifenfabrikation von *K. Braun* † 3., neubearbeitete und verbesserte Auflage von *Th. Klug*. 116 Seiten, 18 Abbildungen. 1953. (*336*)

Textilindustrie von *A. Blümcke*.
I: Spinnerei und Zwirnerei. 111 Seiten, 43 Abbildungen. 1954. (*184*)

Biologie

Einführung in die allgemeine Biologie und ihre philosophischen Grund- und Grenzfragen von *M. Hartmann*. 132 Seiten, 2 Abbildungen. 1956. (*96*)

Hormone von *G. Koller* 2., neubearbeitete und erweiterte Auflage. 187 Seiten, 60 Abbildungen, 19 Tabellen. 1949. (*1141*)

Fortpflanzung im Tier- und Pflanzenreich von *J. Hämmerling*. 2., ergänzte Auflage 135 Seiten, 101 Abbildungen. 1951 (*1138*)

Geschlecht und Geschlechtsbestimmung im Tier- und Pflanzenreich von *M. Hartmann* 2., verbesserte Auflage. 116 Seiten, 61 Abbildungen, 7 Tabellen. 1951 (*1127*)

Symbiose der Tiere mit pflanzlichen Mikroorganismen von *P. Buchner* 2., verbesserte und vermehrte Auflage. 130 Seiten, 121 Abbildungen. 1949. (*1128*)

Mikrobiologie von *W. Schwartz* und *A. Müller* 2 Bände. 2., verbesserte und ergänzte Auflage.
I: 1959. In Vorbereitung. (*1155*)

Botanik

Entwicklungsgeschichte des Pflanzenreiches von *H. Heil*. 2. Auflage. 138 Seiten, 94 Abbildungen, 1 Tabelle. 1950. (*1137*)

Morphologie der Pflanzen von *L. Geitler* 3., umgearbeitete Auflage. 126 Seiten, 114 Abbildungen. 1953. (*141*)

Pflanzengeographie von *L. Diels* † 5., völlig neubearbeitete Auflage von *F. Mattick*. 195 Seiten, 2 Karten. 1958. (*389/389a*)

Die Laubhölzer. Kurzgefaßte Beschreibung der in Mitteleuropa gedeihenden Laubbäume und Sträucher von *F. W. Neger* † und *E. Münch* † 3., durchgesehene Auflage, herausgegeben von *B. Huber* 143 Seiten, 63 Figuren, 7 Tabellen. 1950. (*718*)

Die Nadelhölzer (Koniferen) und übrigen Gymnospermen von *F. W. Neger* † und *E. Münch* † 4. Auflage, durchgesehen und ergänzt von *B. Huber* 140 Seiten, 75 Figuren, 4 Tabellen, 3 Karten. 1952. (*355*)

Pflanzenzüchtung von *H. Kuckuck* 2 Bände.
I: Grundzüge der Pflanzenzüchtung. 3., völlig umgearbeitete und erweiterte Auflage 132 Seiten, 22 Abbildungen. 1952. (*1134*)
II: Spezielle gartenbauliche Pflanzenzüchtung (Züchtung von Gemüse, Obst und Blumen). 178 Seiten, 27 Abbildungen. 1957. (*1178/1178a*)

Zoologie

Entwicklungsphysiologie der Tiere von *F. Seidel.* 2 Bände.
I: Ei und Furchung. 126 Seiten, 29 Abbildungen. 1953. (*1162*)
II: Körpergrundgestalt und Organbildung. 159 Seiten, 42 Abbildungen. 1953. (*1163*)

Das Tierreich
I: Einzeller, Protozoen von *E. Reichenow.* 115 Seiten, 59 Abbildungen. 1956. (*444*)
II: Schwämme und Hohltiere von *H. J. Hannemann.* 95 Seiten, 80 Abbildungen. 1956. (*442*)
III: Würmer. Platt-, Hohl-, Schnurwürmer, Kamptozoen, Ringelwürmer, Protracheaten, Bärtierchen, Zungenwürmer von *S. Jaeckel.* 114 Seiten, 36 Abbildungen. 1955. (*439*)
IV,1: Krebse von *H. E. Gruner* und *K. Deckert.* 114 Seiten, 43 Abbildungen. 1956. (*443*)
IV,2: Spinnentiere (Trilobitomorphen, Fühlerlose) und Tausendfüßler von *A. Kaestner.* 96 Seiten, 55 Abbildungen. 1955. (*1161*)
IV,3: Insekten von *H. von Lengerken.* 128 Seiten, 58 Abbildungen. 1953. (*594*)
V: Weichtiere. Urmollusken, Schnecken, Muscheln und Kopffüßer von *S. Jaeckel.* 92 Seiten, 34 Abbildungen. 1954. (*440*)
VI: Stachelhäuter. Tentakulaten, Binnenatmer und Pfeilwürmer von *S. Jaeckel.* 100 Seiten, 46 Abbildungen. 1955. (*441*)
VII,2: Fische von *D. Lüdemann.* 130 Seiten, 65 Abbildungen. 1955. (*356*)
VII,3: Lurche (Chordatiere) von *K. Herter.* 143 Seiten, 129 Abbildungen. 1955. (*847*)
VII,4: Kriechtiere (Chordatiere) von *K. Herter.* In Vorbereitung. (*447*)
VII,5: Vögel (Chordatiere) von *H.-A. Freye.* In Vorbereitung. (*869*)
VII,6: Säugetiere (Chordatiere) von *Th. Haltenorth.* In Vorbereitung. (*282*)

Land- und Forstwirtschaft

Landwirtschaftliche Tierzucht. Die Züchtung und Haltung der landwirtschaftlichen Nutztiere von *H. Vogel.* 139 Seiten, 11 Abbildungen. 1952. (*228*)

Kulturtechnische Bodenverbesserungen von *O. Fauser.* 2 Bände.
I: Allgemeines, Entwässerung. 5., verbesserte und vermehrte Auflage. 127 Seiten, 49 Abbildungen. 1959. (*691*)
II: Bewässerung, Ödlandkultur, Umlegung. 4., neubearbeitete Auflage. 150 Seiten, 67 Abbildungen. 1948. (*692*)

Agrikulturchemie von *K. Scharrer.* 2 Bände.
I: Pflanzenernährung. 143 Seiten. 1953. (*329*)
II: Futtermittelkunde. 192 Seiten. 1956. (*330/330a*)

Geologie, Mineralogie, Kristallographie

Geologie von *F. Lotze.* 176 Seiten, 80 Abbildungen. 1955. (*13*)

Mineral- und Erzlagerstättenkunde von *H. Huttenlocher* †. 2 Bände.
I: 128 Seiten, 34 Abbildungen. 1954. (*1014*)
II: 156 Seiten, 48 Abbildungen. 1954. (*1015/1015a*)

Allgemeine Mineralogie. 10., erweiterte Auflage der „Mineralogie" von *R. Brauns* †, bearbeitet von *K. F. Chudoba.* 120 Seiten, 120 Figuren, 1 Tafel, 3 Tabellen. 1958. (*29*)

Spezielle Mineralogie. 9., erweiterte Auflage der „Mineralogie" von *R. Brauns* †, bearbeitet von *K. F. Chudoba.* 133 Seiten, 105 Figuren. 1955. (*31*)

Petrographie (Gesteinskunde) von *W. Bruhns* †. Neubearbeitet von *P. Ramdohr.* 4., durchgesehene Auflage. 104 Seiten, 10 Figuren. 1955. (*173*)

Kristallographie von *W. Bruhns* †. 5. Auflage, neubearbeitet von *P. Ramdohr.* 109 Seiten, 164 Abbildungen. 1958. (*210*)

Einführung in die Kristalloptik von *E. Buchwald.* 4., verbesserte Auflage. 138 Seiten, 121 Figuren. 1952. (*619*)

Lötrohrprobierkunde. Mineraldiagnose mit Lötrohr- und Tüpfelreaktion. Von *M. Henglein.* 3., verbesserte Auflage. 91 Seiten, 11 Figuren. 1949. (*483*)

Technik

Graphische Darstellung in Wissenschaft und Technik von *M. Pirani.* 3., erweiterte Auflage bearbeitet von *J. Fischer* unter Benutzung der von *I. Runge* besorgten 2. Auflage. 216 Seiten, 104 Abbildungen. 1957. (*728/728a*)

Technische Tabellen und Formeln von *W. Müller.* 4., verbesserte und erweiterte Auflage von *E. Schulze.* 152 Seiten, 105 Figuren. 1951. (*579*)

Elektrotechnik

Grundlagen der allgemeinen Elektrotechnik von *O. Mohr.* 3 Bände.
I: Die drei Feldformen. 96 Seiten, 41 Abbildungen, 6 Tafeln. 1956. (*196*)
II: Die wichtigsten elektrischen und physikalischen Grunderscheinungen. 95 Seiten, 36 Abbildungen, 7 Tafeln. 1956. (*197*)
III: Schaltvorgänge, Widerstandsformen, Meßtechnik. 91 Seiten, 59 Abbildungen, 1 Tafel. 1956. (*198*)

Die Gleichstrommaschine von *K. Humburg.* 2 Bände. 2., durchgesehene Auflage.
I: 102 Seiten, 59 Abbildungen. 1956. (*257*)
II: 101 Seiten, 38 Abbildungen. 1956. (*881*)

Die synchrone Maschine von *K. Humburg.* Neudruck. 109 Seiten, 78 Abbildungen. 1951. (*1146*)

Induktionsmaschinen von *F. Unger.* 2., erweiterte Auflage. 142 Seiten, 49 Abbildungen. 1954. (*1140*)

Die komplexe Berechnung von Wechselstromschaltungen von *H. H. Meinke.* 2. Auflage. 180 Seiten, 120 Abbildungen. 1957. (*1156/1156a*)

Theoretische Grundlagen zur Berechnung der Schaltgeräte von *F. Kesselring.* 3. Auflage. 144 Seiten, 92 Abbildungen. 1950. (*711*)

Einführung in die Technik selbsttätiger Regelungen von *W. zur Megede.* 176 Seiten, 86 Abbildungen. 1956. (*714/714a*)

Elektromotorische Antriebe (Grundlagen für die Berechnung) von *A. Schwaiger*. 3., neubearbeitete Auflage 96 Seiten, 34 Abbildungen. 1952 (*827*)

Überspannungen und Überspannungsschutz von *G. Frühauf* Durchgesehener Neudruck. 122 Seiten, 98 Abbildungen. 1950. (*1132*)

Maschinenbau

Metallkunde von *H. Borchers* 2 Bände 4. Auflage.
I: Aufbau der Metalle und Legierungen. 120 Seiten, 90 Abbildungen, 2 Tabellen. 1959. (*432*)
II: Eigenschaften, Grundzüge der Form- und Zustandsgebung. 180 Seiten, 107 Abbildungen, 10 Tabellen. 1959. (*433/433a*)

Die Werkstoffe des Maschinenbaues von *A. Thum* † und *C. M. v. Meysenbug*. 2 Bände.
I: Einführung in die Werkstoffprüfung. 2., neubearbeitete Auflage. 100 Seiten, 7 Tabellen, 56 Abbildungen. 1956. (*476*)
II: Die Konstruktionswerkstoffe 132 Seiten, 40 Abbildungen. 1959. (*936*)

Dynamik von *W. Müller* 2 Bände 2., verbesserte Auflage.
I: Dynamik des Einzelkörpers. 128 Seiten, 48 Figuren. 1952. (*902*)
II: Systeme von starren Körpern. 102 Seiten, 41 Figuren. 1952. (*903*)

Technische Schwingungslehre von *L. Zipperer* 2 Bände. 2., neubearbeitete Auflage.
I: Allgemeine Schwingungsgleichungen, einfache Schwinger 120 Seiten, 101 Abbildungen. 1953 (*953*)
II: Torsionsschwingungen in Maschinenanlagen. 102 Seiten, 59 Abbildungen. 1955 (*961/961a*)

Werkzeugmaschinen für Metallbearbeitung von *K. P. Matthes* 2 Bände
I: 100 Seiten, 27 Abbildungen, 11 Zahlentafeln, 1 Tafelanhang. 1954. (*561*)
II: Fertigungstechnische Grundlagen der neuzeitlichen Metallbearbeitung. 101 Seiten, 30 Abbildungen, 5 Tafeln. 1955 (*562*)

Transformatoren von *W. Schäfer* 3., überarbeitete und ergänzte Auflage 130 Seiten, 73 Abbildungen. 1957 (*952*)

Das Maschinenzeichnen mit Einführung in das Konstruieren von *W. Tochtermann*. 2 Bände. 4. Auflage.
I: Das Maschinenzeichnen. 156 Seiten, 75 Tafeln. 1950. (*589*)
II: Ausgeführte Konstruktionsbeispiele. 130 Seiten, 58 Tafeln. 1950. (*590*)

Die Maschinenelemente von *E. A. vom Ende*. 3., verbesserte Auflage. 166 Seiten, 175 Figuren, 9 Tafeln. 1956. (*3/3a*)

Die Maschinen der Eisenhüttenwerke von *L. Engel*. 156 Seiten, 95 Abbildungen. 1957 (*583/583a*)

Walzwerke von *H. Sedlaczek* † unter Mitarbeit von *F. Fischer* und *M. Buch*. 232 Seiten, 157 Abbildungen. 1958 (*580/580a*)

Getriebelehre von *P. Grodzinski* †. 2 Bände. 2., neubearbeitete Auflage.
I: Geometrische Grundlagen. 159 Seiten, 142 Figuren. 1953. (*1061*)

Gießereitechnik von *H. Jungbluth.* 2 Bände.
I: Eisengießerei. 126 Seiten, 44 Abbildungen. 1951. (*1159*)

Die Dampfkessel und Feuerungen einschließlich Hilfseinrichtungen in Theorie, Konstruktion und Berechnung von *W. Marcard* †. 2 Bände. 2. Auflage, neubearbeitet von *K. Beck.*
I: Die theoretischen Grundlagen, Wärme, Verbrennung, Wärmeübertragung. 150 Seiten, 42 Abbildungen, 16 Tabellen. 1951. (*9*)
II: Dampfkessel. 147 Seiten, 43 Abbildungen. 1952. (*521*)

Die Dampfturbinen. Ihre Wirkungsweise, Berechnung und Konstruktion von *C. Zietemann.* 3 Bände. 3., verbesserte Auflage.
I: Theorie der Dampfturbinen. 139 Seiten, 48 Abbildungen. 1955. (*274*)
II: Die Berechnung der Dampfturbinen und die Konstruktion der Einzelteile. 132 Seiten, 111 Abbildungen. 1956. (*715*)
III: Die Regelung der Dampfturbinen, die Bauarten, Turbinen für Sonderzwecke, Kondensationsanlagen. 126 Seiten, 90 Abbildungen. 1956. (*716*)

Verbrennungsmotoren von *W. Endres.* 3 Bände.
I: Überblick. Motor-Brennstoffe. Verbrennung im Motor allgemein, im Otto- und Diesel-Motor. 153 Seiten, 57 Abbildungen. 1958. (*1076/1076a*)
II: Die heutigen Typen der Verbrennungskraftmaschinen. In Vorbereitung. (*1184*)
III: Die Einzelteile des Verbrennungsmotors. In Vorbereitung. (*1185*)

Technische Thermodynamik von *W. Nußelt* †. 2 Bände.
I: Grundlagen. 4., verbesserte Auflage. 144 Seiten, 71 Abbildungen. 1956. (*1084*)
II: Theorie der Wärmekraftmaschinen. 5. Auflage. 1959. In Vorbereitung. (*1151*)

Autogenes Schweißen und Schneiden von *H. Niese.* 5. Auflage, neubearbeitet von *A. Küchler.* 136 Seiten, 71 Figuren. 1953. (*499*)

Die elektrischen Schweißverfahren von *H. Niese.* 2. Auflage, neubearbeitet von *H. Dienst.* 136 Seiten, 58 Abbildungen. 1955. (*1020*)

Die Hebezeuge. Entwurf von Winden und Kranen von *G. Tafel.* 2., verbesserte Auflage. 176 Seiten, 230 Figuren. 1954. (*414/414a*)

Wasserbau

Wasserkraftanlagen von *A. Ludin* unter Mitarbeit von *W. Borkenstein.* 2 Bände.
I: Planung, Grundlagen und Grundzüge. 124 Seiten, 60 Abb. 1955. (*665*)
II: Anordnung und Ausbildung der Hauptbauwerke. 184 Seiten, 91 Abbildungen. 1958. (*666/666a*)

Verkehrswasserbau von *H. Dehnert.* 3 Bände.
I: Entwurfsgrundlagen, Flußregelungen. 103 Seiten, 52 Abbildungen. 1950. (*585*)
II: Flußkanalisierung und Schiffahrtskanäle. 94 Seiten, 60 Abbildungen. 1950. (*597*)
III: Schleusen und Hebewerke. 98 Seiten, 70 Abbildungen. 1950. (*1152*)

Wehr- und Stauanlagen von *H. Dehnert.* 134 Seiten, 90 Abbildungen. 1952. (*965*)

Talsperren von *F. Tölke.* 122 Seiten, 70 Abbildungen. 1953. (*1044*)

Hoch- und Tiefbau

Die wichtigsten Baustoffe des Hoch- und Tiefbaus von *O. Graf* † 4., verbesserte Auflage 131 Seiten, 63 Abbildungen. 1953. (*984*)

Baustoffverarbeitung und Baustellenprüfung des Betons von *A. Kleinlogel.* 2., neubearbeitete und erweiterte Auflage. 126 Seiten, 35 Abbildungen. 1951. (*978*)

Festigkeitslehre. 2 Bände.
I: Elastizität, Plastizität und Festigkeit der Baustoffe und Bauteile von *W. Gebler* † und *W. Herberg.* Durchgesehener und erweiterter Neudruck. 159 Seiten, 118 Abbildungen. 1952. (*1144*)
II: Formänderung, Platten, Stabilität und Bruchhypothesen von *W. Herberg* und *N. Dimitrov.* 187 Seiten, 94 Abbildungen. 1955. (*1145/1145a*)

Grundlagen des Stahlbetonbaus von *A. Troche* 2., neubearbeitete und erweiterte Auflage. 208 Seiten, 75 Abbildungen, 17 Bemessungstafeln, 20 Rechenbeispiele. 1953. (*1078*)

Statik der Baukonstruktionen von *A. Teichmann.* 3 Bände.
I: Grundlagen. 101 Seiten, 51 Abbildungen, 8 Formeltafeln. 1956. (*119*)
II: Statisch bestimmte Stabwerke. 107 Seiten, 52 Abbildungen, 7 Tafeln. 1957. (*120*)
III: Statisch unbestimmte Systeme. 112 Seiten, 34 Abbildungen, 7 Formeltafeln. 1958. (*122*)

Fenster, Türen, Tore aus Holz und Metall. Eine Anleitung zu ihrer guten Gestaltung, wirtschaftlichen Bemessung und handwerksgerechten Konstruktion von *W. Wickop* † 4., überarbeitete und ergänzte Auflage 155 Seiten, 95 Abbildungen. 1955 (*1092*)

Heizung und Lüftung von *J. Körting* † und *W. Körting.* 2 Bände. 9., durchgesehene Auflage.
I: Das Wesen und die Berechnung der Heizungs- und Lüftungsanlagen. 1959. In Vorbereitung. (*342*)
II: Die Ausführung der Heizungs- und Lüftungsanlagen. 1959. In Vorbereitung. (*343*)

Industrielle Kraft- und Wärmewirtschaft von *F. A. F. Schmidt* und *A. Beckers.* 167 Seiten, 73 Abbildungen. 1957. (*318/318a*)

Vermessungswesen

Photogrammetrie von *G. Lehmann.* 1959. In Vorbereitung. (*1188/1188a*)

Vermessungskunde von *P. Werkmeister* 3 Bände.
I: Stückvermessung und Nivellieren. 10., völlig neubearbeitete Auflage von *W. Großmann.* 143 Seiten, 117 Figuren. 1958. (*468*)
II: Horizontalaufnahmen und ebene Rechnungen. 8., völlig neubearbeitete Auflage von *W. Grossmann.* 133 Seiten, 97 Figuren. 1949. (*469*)
III: Trigonometrische und barometrische Höhenmessung. Tachymetrie und Topographie. 6. Auflage. 147 Seiten, 64 Figuren. 1949. (*862*)

Sammlung Göschen / Bandnummernfolge

1 Langosch, Der Nibelunge Nôt
3/3a v. Ende, Die Maschinenelemente
9 Marcard-Beck, Dampfkessel I
10 Jiriczek-Wisniewski, Kudrun- und Dietrich-Epen
13 Lotze, Geologie
18 Maurer, Hartmann von Aue
19 Altheim, Römische Geschichte I
20 Hofstaetter-Spree, Dt. Sprachlehre
22 Maurer, Gottfried von Strassburg
29 Brauns-Chudoba, Allg. Mineralogie
31 Brauns-Chudoba, Spez. Mineralogie
35 Treue, Dt. Geschichte von 1648 bis 1740
37 Klemm, Anorganische Chemie
38/38a Schlenk, Organische Chemie
39 Treue, Dt. Geschichte von 1713 bis 1806
42 Behn, Vorgeschichte Europas
44 Kresze, Physikalische Method.n der organischen Chemie
47 Fischer-Rohrbach, Arithmetik
51/51a Ringleb-Bürklen, Mathematische Formelsammlung
59 Krahe, Indogerm. Sprachwissensch. I
60 Biehle, Stimmkunde
61 Biehle, Redetechnik
64 Krahe, Indogerm. Sprachwissensch. II
65/65a Grotemeyer, Analyt. Geometrie
66 Berneker-Vasmer, Russische Grammatik
71 Schulze, Allgemeine und physikalische Chemie I
76 Döring, Einführung in die theoret. Physik I
77 Döring, Einführung in die theoret. Physik II
78 Döring, Einführung in die theoret. Physik III
79 Hempel, Gotisches Elementarbuch
80 Weigert, Stilkunde I
96 Hartmann, Einf. i. d. allgem. Biologie
99 Hessenberg-Kneser, Ebene und sphär. Trigonometrie
101 v. Wiese, Soziologie
103 Dahrendorf, Industrie- und Betriebssoziologie
104/104a Hofstätter, Sozialpsychologie
111 Hoffmann-Debrunner, Gesch. der griechischen Sprache I
114 Debrunner, Gesch. der griechischen Sprache II
117 Brandenstein, Griechische Sprachwissenschaft I
118/118a Brandenstein, Griechische Sprachwissenschaft II
119 Teichmann, Statik der Baukonstruktionen I
120 Teichmann, Statik der Baukonstruktionen II
122 Teichmann, Statik der Baukonstruktionen III
125 Vossler, Ital. Literaturgeschichte
128/128a Lausberg, Romanische Sprachwissenschaft I
136 Mahler, Physikalische Formelsammlung
141 Geitler, Morphol. der Pflanzen
142 Haack, Darst. Geometrie I
143 Haack, Darst. Geometrie II
144 Haack, Darst. Geometrie III
145 Weimer, Gesch. der Pädagogik
148 Kolms, Finanzwissenschaft I
156/156a Landmann, Philosophische Anthropologie
170 Oehlmann, Musik des 19. Jahrh.
171/171a Oehlmann, Musik des 20. Jahrh.
173 Bruhns-Ramdohr, Petrographie
180 Böhm, Versicherungsmathematik I
184 Blümcke, Textilindustrie I
196 Mohr, Grundlagen der Elektrotechnik I
197 Mohr, Grundlagen der Elektrotechnik II
198 Mohr, Grundlagen der Elektrotechnik III
200/200a Gottschald, Dt. Rechtschreibungswörterbuch
210 Bruhns-Ramdohr, Kristallographie
220/220a Moser, Allg m. Musiklehre
221/221a Jander-Jahr, Maßanalyse
222 Hassak-Beutel, Warenkunde I
223 Hassak-Beutel, Warenkunde II
226 Hofmann, Geschichte d. Mathematik I
228 Vogel, Landw. Tierzucht
231/231a Ehrlich, Geschichte Israels
238 Krahe, German. Sprachwiss. I
243 Mahler, Physikal. Aufgabensammlung
247 Hoppe, Analytische Chemie I

Autorenregister

AUTORENREGISTER

 200 000 60/59 Printed in Germany

Kolibri 360 GmbH
Ferdinand-Jühlke-Straße 7
99095 Erfurt, Deutschland
produktsicherheit@kolibri360.de